JIYU XIANGMU DE ZAIXIAN XIEZUO
XUEXI ZHIJIA YANJIU

基于项目的在线协作学习支架研究

李梅 著

版权专有　侵权必究

图书在版编目（ＣＩＰ）数据

基于项目的在线协作学习支架研究/李梅著．--北京：北京理工大学出版社，2021.10
ISBN 978-7-5763-0368-1

Ⅰ. ①基… Ⅱ. ①李… Ⅲ. ①网络教育-教学研究 Ⅳ. ①G434

中国版本图书馆 CIP 数据核字（2021）第 188968 号

出版发行 /	北京理工大学出版社有限责任公司
社　　址 /	北京市海淀区中关村南大街 5 号
邮　　编 /	100081
电　　话 /	（010）68914775（总编室）
	（010）82562903（教材售后服务热线）
	（010）68944723（其他图书服务热线）
网　　址 /	http://www.bitpress.com.cn
经　　销 /	全国各地新华书店
印　　刷 /	三河市华骏印务包装有限公司
开　　本 /	710 毫米×1000 毫米　1/16
印　　张 /	11
字　　数 /	165 千字
版　　次 /	2021 年 10 月第 1 版　2021 年 10 月第 1 次印刷
定　　价 /	58.00 元

责任编辑 /	王晓莉
文案编辑 /	杜　枝
责任校对 /	刘亚男
责任印制 /	李志强

图书出现印装质量问题，请拨打售后服务热线，本社负责调换

前　言

　　创造力、批判性思维、沟通与协作能力被认为是信息时代人才培养的核心目标，对如何在教学过程中培养学习者的核心素养这一问题的思考与实践引发了教学模式的变革。传统的注重系统学科知识讲授灌输的教学模式弊端凸显，受到了教育实践者和研究者的批判。日益受到推崇的教学模式突出了学习过程的学习者参与性、探究性和问题解决的特点，如探究式学习、基于问题的学习等。当代教学理论将复杂问题和真实任务作为学习的驱动，问题的解决和任务的完成突出了知识在真实应用环境中习得、能力在真实问题的解决过程中提升，学习者通过解决真实问题实现"学"与"用"的整合，从而实现学习的有效迁移。基于项目的协作学习因强调真实问题解决和产出的社会性，突出学习者知识获取过程中经验与实践的连接性、认知发展的连续性以及知识建构的群体性，被认为是学习者认知发展和创新能力培养的重要手段，该教学模式在各个教育阶段均受到了重视并得到了广泛应用，低至幼儿园阶段，高至高等教育阶段。同时，该教学模式所适用的学科领域也在不断扩展，从工程教育到科学、历史等学科。基于项目的协作学习强调在学习过程中学习者协作解决实践中面临的真实问题，学习的过程即伴随任务完成的问题解决过程。然而，在教学实施过程中，过度强调任务的完成和产出往往容易导致学习滑向经验主义的极端，即注重已有经验的应用而忽视新的领域知识的建构以及在此过程中的学习者认知发展。随着技术对教育领域渗透的不断深入，在线学习已经成为较为普遍的学习方式，是学校教学形式的重要补充。由于在线学习环境具有虚拟性和交互的时空分离的特点，如何在在线学习环境下开展基于项目的协作学习是当代教学研究者和教学实践者共同面临的难题。

在各个阶段的教学中，学习者都是领域知识和技能有待提升的新手，其认知的发展离不开脚手架，即学习支架。如何为学习者提供学习支架？提供什么样的学习支架？对这些问题的回答基于对这一教学模式的深入理解，如基于项目的协作学习的目标、要素、过程是什么？其在认知层面的发生原理是什么？对这些问题的思考，为设计与提供学习支架奠定了基础。通常情况下，学习支架由教师或更有能力的同伴提供，技术的介入扩展了学习支架的来源和内涵。学习支架演变成一种学习支持，贯穿于教学设计和教学实施阶段，技术来源学习支架与教师来源学习支架和同伴来源学习支架一起构成了在线环境下的学习支架体系。本书以学习支架这一概念为出发点，分析了基于项目的在线协作学习支架的来源、学习支架策略以及学习支架在在线学习环境中的整合。首先，从认知视角对基于项目的在线协作学习的目标、要素、过程进行全面剖析，以一条主线、两个核心要素、三类认知活动和四个问题解决环节为线索解读基于项目的在线协作学习。其次，在对基于项目的在线协作学习的任务特点、学习者特点和在线学习环境特点进行总结的基础上，分析学习过程中学习者所面临的认知负荷以及各个环节和活动中所需要的支持。再次，厘清人、技术在学习过程中提供支持的特点和优势，构建集技术学习支架、教师学习支架、同伴学习支架为一体，贯穿于基于项目的在线协作学习教学设计和学习活动全过程的学习支架体系，提出结构化学习支架策略、问题化学习支架策略、模型化学习支架策略、知识化学习支架策略，分别阐述四种学习支架策略在基于项目的在线协作学习过程中的来源、具体表现形式及其如何促进认知发展。最后，整合学习支架策略，提出基于项目的在线协作学习环境的构建原则与方案。

本书以作者的博士论文的部分内容为基础，同时融入了"基于学习分析的在线协作学习诊断与干预研究"（北京市教育委员会2018年度社科计划重点项目，项目编号：SZ201851160033）的部分研究成果。其中第一章"基于项目的在线协作学习概述"、第四章"基于项目的在线协作学习支架维度与来源"、第五章"基于项目的在线协作学习支架策略"三章的内容以作者已经发表的观点〔其原始出处分别是：李梅.认知视角下的项目化学习解析[J].电化教育研究，2017，38（11）：102-107；李梅.在线环境下项目化学习支架探究[J].现代远距离教育，2019（1）：

3-9；李梅，葛文双. 基于项目的在线协作学习支架策略探究［J］. 现代远距离教育，2021（1）：40-47）为基础，对原有框架进行了调整，对内容进行了扩展和丰富。

  本研究思路的形成受益于作者的导师程建钢教授的启发和指导，这为本书的形成奠定了重要基础。北京市教育委员会给予的资助促进了"基于学习分析的在线协作学习诊断与干预研究"的顺利进行，同时也形成了一定的研究成果，是本书的重要组成部分。贵阳学院邓国民教授、陕西师范大学葛文双副教授对本研究提出了很有价值的建议。在此一并感谢。

  由于作者水平有限，书中错误和不足之处在所难免，敬请读者批评指正。

目 录

引言 ·· 1
   一、研究背景 ·· 1
   二、研究意义 ·· 9
   三、内容框架 ··· 10

第一章　基于项目的在线协作学习概述 ·· 15
  第一节　什么是基于项目的学习 ··· 16
   一、基于项目的学习概念界定 ··· 16
   二、基于项目的学习特点 ··· 19
   三、基于项目的学习与基于问题的学习比较 ····································· 21
  第二节　基于项目的在线协作学习 ··· 22
   一、基于项目的在线协作学习的理论基础 ······································· 22
   二、基于项目的在线协作学习目标 ··· 31
   三、基于项目的在线协作学习的核心要素 ······································· 40
   四、基于项目的在线协作学习过程 ··· 43
   五、基于项目的在线协作学习的认知活动 ······································· 47
  第三节　小结 ··· 51

第二章　基于项目的在线协作学习支架研究综述 ·································· 53
  第一节　学习支架 ··· 54

第二节　在线学习支架 …………………………………………… 57
　　第三节　基于项目的在线协作学习支架 ………………………… 60
　　第四节　小结 ……………………………………………………… 61

第三章　基于项目的在线协作学习支架设计原则与依据 …………… 63
　　第一节　基于项目的在线协作学习支架理论基础 ……………… 63
　　　　一、最近发展区 ……………………………………………… 64
　　　　二、认知负荷理论 …………………………………………… 65
　　第二节　基于项目的在线协作学习支架设计的原则 …………… 68
　　　　一、适量的认知负荷 ………………………………………… 68
　　　　二、适时的认知干预 ………………………………………… 71
　　第三节　基于项目的在线协作学习支架设计的依据 …………… 72
　　　　一、基于项目的在线协作学习的任务特点与学习者特点 … 72
　　　　二、基于项目的在线协作学习环境 ………………………… 73
　　　　三、学习者面临的认知负荷及其诊断 ……………………… 74
　　第四节　小结 ……………………………………………………… 81

第四章　基于项目的在线协作学习支架维度与来源 ………………… 83
　　第一节　基于项目的在线协作学习支架维度 …………………… 83
　　　　一、基于项目的在线协作学习设计阶段学习支架 ………… 84
　　　　二、基于项目的在线协作学习过程中的学习支架 ………… 86
　　第二节　基于项目的在线协作学习支架来源 …………………… 89
　　　　一、教师来源学习支架 ……………………………………… 89
　　　　二、同伴来源学习支架 ……………………………………… 92
　　　　三、技术来源学习支架 ……………………………………… 93
　　第三节　教师、同伴、技术支架之间的关系 …………………… 95
　　　　一、技术来源的学习支架是基础 …………………………… 95
　　　　二、同伴来源的学习支架是主体 …………………………… 96

三、教师来源的学习支架是主导……………………………………… 96
　　四、三种来源的学习支架相互融合………………………………… 97
　第四节　基于项目的在线协作学习支架体系………………………… 97
　　一、教学设计阶段的学习支架……………………………………… 97
　　二、学习过程中的学习支架………………………………………… 99
　　三、各种学习支架协同作用………………………………………… 99
　第五节　小结…………………………………………………………… 101

第五章　基于项目的在线协作学习支架策略……………………………… 103
　第一节　结构化学习支架策略………………………………………… 104
　　一、什么是结构化学习支架策略…………………………………… 104
　　二、基于项目的在线协作学习中的结构化学习支架策略………… 104
　第二节　问题化学习支架策略………………………………………… 107
　　一、什么是问题化学习支架策略…………………………………… 107
　　二、基于项目的在线协作学习中的问题化支架策略……………… 109
　第三节　模型化学习支架策略………………………………………… 112
　　一、什么是模型化学习支架策略…………………………………… 112
　　二、基于项目的在线协作学习中的模型化学习支架策略………… 114
　第四节　知识化学习支架策略………………………………………… 118
　　一、什么是知识化学习支架策略…………………………………… 118
　　二、基于项目的在线协作学习中的知识化学习支架策略………… 119
　第五节　小结…………………………………………………………… 122

第六章　基于项目的在线协作学习环境构建……………………………… 123
　第一节　基于项目的在线协作学习环境及其构建原则……………… 123
　　一、基于项目的在线协作学习环境………………………………… 123
　　二、基于项目的在线协作学习环境构建原则……………………… 124
　第二节　基于项目的在线协作学习环境支架工具…………………… 127

一、认知活动工具 …………………………………………………… 127
　　二、学习过程管理工具 ……………………………………………… 130
　　三、学习诊断工具 …………………………………………………… 131
　　四、学习干预工具 …………………………………………………… 132
　第三节　基于项目的在线协作学习环境设计 …………………………… 133
　　一、基于项目的在线协作学习硬环境 ……………………………… 134
　　二、基于项目的在线协作学习软环境 ……………………………… 137
　第四节　小结 ……………………………………………………………… 143

参考文献 …………………………………………………………………… 145

引 言

一、研究背景

1. 以知识传授为主的教学模式弊端凸显,创新驱动的国家战略引发教学模式改革

创新驱动已经成为我国的一个重大战略,中共中央、国务院印发的《国家创新驱动发展战略纲要》中提出,要建设高水平人才队伍,筑牢创新根基,其中提到"推动教育创新,改革人才培养模式,把科学精神、创新思维、创造能力和社会责任感的培养贯穿教育全过程"。如何在教育教学过程中培养学生的创新精神和创新能力是国家、社会和教育部门共同关注的话题。中华人民共和国教育部在《关于全面深化课程改革 落实立德树人根本任务的意见》中提到:"要在发挥各学科独特育人功能的基础上,充分发挥学科间综合育人功能,开展跨学科主题教育教学活动,将相关学科的教育内容有机整合,提高学生综合分析问题、解决问题能力。充分利用现代信息技术手段,改进教学方式,适应学生个性化学习需求。强化教学的实践育人功能,确保实践活动占有一定课时或学分。""高校要把实践教学纳入学校教学计划,摆在人才培养的重要位置。"2019 年,国务院办公厅《关于新时代推进普通高中育人方式改革的指导意见》在深化课堂教学改革的具体举措中提出"积极探索基于情境、问题导向的互动式、启发式、探究式、体验式等课堂教学,注重加强课题研究、项目设计、研究性学习等跨学科综合性教学,认真开展验证性实验和探究性实验教学。提高作业设计质量,精心设计基础性作业,适当增加探究性、实践性、综合性作业"。中共中央、国务院颁布的《关于深化

教育教学改革全面提高义务教育质量的意见》中优化教学方式部分提出"探索基于学科的课程综合化教学，开展研究型、项目化、合作式学习"。从这些文件中可以看出，提升人才培养质量的一个重要措施就是深化教学改革，创新人才培养模式，在具体的课堂改革层面，强调问题导向、跨学科整合、探究学习，旨在提升学生解决实际问题的能力。这对于实现建设创新型国家和加快建设制造业强国都具有非常重要的意义。

传统的知识传授式教学模式是一种以知识传递为导向的教学，将信息置于比一致性理解更为重要的地位，课堂以教师为主导且对内容过度依赖。"教师通常通过公式、符号表征或者规则的复杂排序传递组织良好的内容解释，这种方式导致学习者将课堂中的知识与他们的日常经验连接起来时存在困难（林和艾伦，2016）。"从本体论来说，该模式将所传授的某个学科领域的知识体系作为价值和真理；从认识论来说，该模式的教学强调学科领域知识体系的灌输，认为学科知识体系能够通过传递快速地纳入学习者的认知体系之中。在该模式的教学中，认识论与本体论是二元分离的。知识传授式教学的结果是学习者的知识体系的断裂和已有经验与所学知识的割裂。一方面，教学中的知识往往是以片段的和破碎的事实被呈现的，学习者难以获得教育者所期望的知识体系；另一方面，通过教学，学习者增加了新观念，但不会把它们与自己的已有观念加以区分。新观念被加入学习者的观念库中，但与其他观念是相对孤立的。当出现应用所学观念的机会时，学习者倾向于运用的是他们的已有观念而不是教学中所传递的新的、碎片式的观念（林和艾伦，2016）。因此，学习者从为传递信息而设计的材料中几乎学不到知识。学科知识体系是人类在实践中所获得经验的抽象与升华，是经过反复检验、证伪的公共知识体系。这种知识表征形式不符合人类理解世界和获得经验的自然方式（乔纳森，2007）。学习是一种认识实践，认识内在于实践之中，在实践中认识论与本体论是同一的（宁虹等，2015）。获得经验没有捷径，必须在真实的情境中通过实践生成。知识传递模式的教学可能会使学生在考试中有良好的表现，但即使是在考试中取得优异成绩的学生，也未必真正理解所学领域知识的核心概念和原理，并且无法将其应用到不同的情境中解决具体的问题。对考试这一评价方式的强调反而导致学生对考试内容的死记硬背，而不是对不同观点进行思考和探究。这种单纯的记忆内容只是随机存储在长时记忆中，没有与已有认知结构中的知识点建立丰富的、牢固的连接，因此是不稳定的，保持的时间也非常有限。因为，学习是一个在新旧知识之间建立联系的过程，学习者在原有的观念和经验基础上通过积极推理建构自己对主题的理解，讲授并不能很好地促进学习者进行积极的认知加工活动，从而建构已有经验与教学要求学习者掌握的公共知识体系之间的关联，学习者反而因为理解话语信息而消耗了一定的认知加工容量。最后，学习者只是将新的信息加入已有的认知体系中，而不进行辨别等认知加工活动（斯洛塔等，2015）。没有认知活动就不可能有学习，被动接收的知识难以融入学习者已有的认知结构中，也不会转化为学习者的认知能力和元认知能力。因此，知识传授式教学更多地停留在低层次的识记层面，是机械教学的产物，难以促进学习者深层次的认知加工，不利于学习者通过意义建构获得对领域知识的理解与应用。根据布鲁姆的教育目标分类，死记硬背的知识被视为学习的最初级形式，从属于应用、分析和综合等高阶教育目标（布鲁姆，1956）。高阶教育目标的实现是创新人才培养的关键，其实现方式是基于深度理解的学习，需要学习者在解决问题过程中构建连贯的理解。如果希望学习者获得解决问题的能力，则需要让其参与解决问题的活动，而不是仅向其传授解决问题的知识（乔纳森，2007）。学习者参与和专家研究类似的实践活动时，会将知识应用到更加广泛的情境中，从而将知识保持得更加持久（Chinowsky等，2006）。对学科知识体系进行情境化处理，使其应用于具体的问题境脉，知识便具有了丰富的意义，更加接近于学习者的经验体系，两者之间更容易建立关联，教育应做的便是建立知识体系与学习者经验体系之间的意义关联（Dewey，1986）。学校教育的目的在于帮助学习者掌握发现问题和解决问题的方法，运用已有认知图式理解新的现象，并在这个过程中建构心智模型，从而获得将知识和技能迁移到新的问题情境中的能力（乔纳森，2007），然后可以获得该领域的核心概念和原理。创新来源于学习者获得核心概念和原理过程中的思维活动，体现在学习者发现问题和解决问题能力的提升，以及在这个过程中习得知识和应用知识解决复杂问题等方面。"跨学科主题教学"和"实践教学"是学习者高阶思维能力提升的重要途径。学校应给学生提供自主建构知识体系的机会，使新知识在学生已有知识的基础上"生长"

起来（Gijselaers，1996）。教育的实践本质决定了所有的教育问题都需要以实践的方式展开，并在这个过程中消除理论与实践、知识与经验之间的距离，突破它们之间的边界，实现同一事物内部的"零距离"（宁虹等，2015）。

2. 基于项目的学习有助于意义学习的实现，但在实践应用中存在误区

基于项目的学习是一个以学生为中心、以探究为基础的认知建构过程，强调学生理解和探究的深度，鼓励学生思考、计划、分析、展示自己的发现（马卡姆，2015），主要应用在工程教育领域、STEM（Science，Technology，Engineering，Mathematics）教育、科学教育、写作教学和语言学习等课程中，以前两者居多。工程教育领域的学习者认为，基于项目的学习在以下方面对他们有益，包括增强责任心，提高动机，深入学习，在做中学，应用理论知识于实践中，提升问题解决能力，深入分析真实世界问题，提升自信，有效地安排时间和管理项目（Iscioglu等，2010）。米尔斯（Mills，2009）认为，基于项目的学习有助于外语学习者在交流、文化、连接、比较和社群五个目标领域的自我效能感提升。也有研究认为基于项目的学习对于深化语言学习者的动机和策略具有积极的效果（Jiang，2008），基于项目的学习明显地促进了学习者的合作学习能力与交流/分享能力，同样提升了他们的批判性思维能力。经历基于项目的学习的学习者在技能发展、一般能力和知识编辑方面比那些没有使用该模式的学习者表现得更好（Chan Lin，2008；Karaman 等，2008）。托马斯（Thomas，2000）通过回顾基于项目的学习的研究文献发现，很多研究都直接或间接地证明基于项目的学习比传统方法有效。有些研究证明基于项目的学习与学习者高层次认知技能的习得以及将学习结果应用于新的问题解决情境的能力相关。对学习者掌握复杂的过程和程序（如计划、交流、问题解决和决策）是有效的。基于项目的学习所具有的跨学科整合性、实践探究性以及问题真实性的特点，使其成为有意义学习的重要教学模式，在教育改革中受到了重视。基于项目的学习为学习者提供了将知识融入认知结构中的机会。在基于项目的学习中，领域核心概念和原则蕴含在有丰富情境的问题中，问题通常具有主题"相关性"和挑战"真实性"的特点，学习过程即问题的解决过程。为了解决问题，学习者需要积极调用已有知识对问题进行表征，同时，还需要借助外部信息拓展已有知识。学习过程从接受孤立的知识对象转变为包括析

出观念、辨分观念、添加观念、反思和梳理观念（林和艾伦，2016）的建构意义的过程。学习者以已有的认知图式为基础，在表征问题的过程中析出观念，将为解决问题而获取的相关知识与已有认知图式建立关联，融入相关的概念体系中。已有知识的组织方式决定了信息能否被持久地记忆并被应用到新的情境中（Gijselaers等，1996）。问题解决的质量决定了学习者领域核心概念和原则的掌握程度和应用迁移能力，以及学习过程中学科策略与方法和学习过程的监控与调整等所涉及的元认知能力的培养与提升，即学习者完成从新手到专家的转变。从微观认知层面分析，无论是认知能力还是元认知能力，其提升过程都需要学习者在情境中建立与知识的关联并通过认知加工活动完成，即需要学习者经历复杂的认知加工过程和对学习过程的监测与管理，从而习得领域知识和技能。从宏观教学层面分析，学习者的认知和元认知的发展则体现为一系列教与学活动序列组成的教学模式。通过基于项目的学习，学习者在大脑中形成一个个"剧本"（加德纳，2008）（"剧本"是构成认知发展的重要单元，即相互关联的一系列概念及其之间的关联构成了情节和意义，概念因其与其他概念之间的关系而变得更加清晰和稳定，更容易理解和记忆）。每个"剧本"都围绕核心概念组织，并展开情节，多个"剧本"之间连接起来，构成了具有丰富情节和认知策略知识的概念体系。

基于项目的学习在教育领域中得到广泛应用，但存在重"习"轻"学"、重"经验"轻"知识"、重"学"轻"教"的问题。教学实践中过于重经验应用、轻知识学习、轻教学指导导致该模式的教学有滑向经验主义的危险。一是在基于项目的学习过程中注重"做"的过程，认为学习即利用已有经验完成学习任务，忽视了问题解决过程中新知识的整合；二是对建构主义的理解偏差，认为基于项目的学习等活动教学是一种学习者自由建构的过程，当这种自由被不加限制地推向极端时，则演变为对学习过程中减少指导或无指导的吹捧，"教学"中"教"的成分减少甚至缺席，"教学"变成了"学"。学习是学习者在没有教师指导的情况下探究新领域的"发现式学习"（Schwartz等，1998）。教师只负责项目化学习活动的设计，而不干预或少干预学习者的学习活动，学习者完全掌控学习过程。此观点导致了教学中的情境化和意义建构的主观性被无限扩大，过分强调学习过程的自主探究，导致为了"做"而"做"，而非为了"理解"而"做"，其结果是学习只是已有经验的重复，而没有达到已经形成的学科领域知识的获得，没有改变即没有学习发生。这种学习并未实现对领域核心概念和原理的理解以及获得运用知识解决实际问题的专业技能，难以达到预期的教学目标。

"学"，效也；"习"，鸟数飞也（朱熹）。学习是"学"与"习"的辩证统一，"学"是"习"的内容，"习"是"学"的强化和巩固。在基于项目的学习活动中，"学"体现为知识的获得，"习"体现为知识的应用，两者统一存在于同一实践活动中。基于项目的学习中的情境化和学科知识体系的抽象化之间存在张力。强调学科知识体系可能引起知识灌输的风险，而过多关注情境则有知识获得的低效性的可能，难以达到获得预期知识的目标（索耶，2010）。基于情境的教学有利于经验知识的获得，而日常经验与学科领域知识之间存在着边界。教育具有知识传承的功能，教学应基于人类已有的知识体系，然而并非所有知识都完全依靠经验的积累。基于项目的学习需要在问题解决过程中整合人类已有的公共知识。很多研究已经证实，无指导的活动教学（如发现学习、探究式学习、建构主义学习）无法获得预期的效果，大量的研究结果表明，没有指导或者缺少指导的教学效果比有指导的教学差，即"指导的发现"和"支架式探索"比"无限制的发现"效果更好、效率更高（Schwartz 等，1998；基尔希纳等，2015），更有利于学习与迁移（Mayer，2004）。徐连荣等（2016）认为，对于需要通过不断地解决问题而获得能力类目标的教学，应尽量少教或不教，必要时才向学习者提供适当的指导。基于项目的学习强调学习者的自主探究，但其目标在于促进学习者认知图式的建构与自动化，是在已有知识、能力基础上的发展，并非原有经验的重复。对于通过学习实现认知图式发展的学习者来说，认知特点和项目化学习任务的特点决定了其在学习过程中将面临较大的认知负荷，若没有足够的工作记忆空间进行有效的认知活动，在没有外部干预的情况下难以实现认知的发展，尤其是在在线学习环境中，教师的监控力度受到一定的限制，学习者的学习过程容易偏离方向，甚至停滞不前，由于缺乏自我调节和自主学习能力等因素，学习者可能会因为不知道该做什么、无法管理任务、需要外部指导支持等原因而在协作学习过程中失败（Yilmaz，2019）。学习者在数据分析、推理、同伴合作和讨论以及时间管理方面常常面临困难（Edelson 等，1999；Krajcik 等，1998）。这些困难主要与初始探究、指引调查方向、管理时间和有成效的使用技术相关联。基于项目的学习作为一种统整型课程①，课程内容之间是一种开放关系，知识之间的界限模糊，教师对学生的控制减弱，师生之间的交流具有开放性特点，学习者对学习过程具有一定程度的决策权和控制权（伯恩斯坦，2007），但是，这并不意味着教师完全放弃对学习过程的掌控。"无限制的发现"不符合建构主义理论的含义。在缺少教师监控和干预的情况下，在线环境下基于项目的学习容易出现学习偏离方向、组织乏力、交互质量低、学习进展受阻等问题。在"少教不教"教学程序中占核心地位的问题解决教学，被称为"探究性教学"，这种方式确实给学习者的工作记忆增加了较重的负荷（Sweller，1988）。尤其是在协作形式的问题解决过程中，自由合作不会系统地产生学习（Dillenbourg，2002），放任学习者随意进行小组交流而不提供支架支持，不仅会使学习者在协作探究中手足无措，而且会给他们的认知发展带来新负担（基尔希纳等，2015）。在基于项目的在线协作学习过程中，为学习者提供适当的外在教学干预（即"学习支架"）有助于加强学习者认知过程的可操作性、连续性与持续性，能够提升以协作的形式解决问题的学习效果（Kollar等，2007）。教学设计应将领域知识整合到学习活动中，使学习者在学习活动中增加知识，通过情境化促进学习者对内容的理解。因此，一方面，教学要为真实探究、知识建构和学习者自主学习提供机会；另一方面，教学在这个过程中逐渐地将责任转移给学习者，对其实施基于绩效的评价，使学习者改变学习只是为了"交作业"的心态（Thomas，2000）。

3. 技术增强型学习环境的优势日益突出，对基于项目的教与学的支持有待进一步完善

在基于项目的学习中，只有当学习者将全部精力投入项目中时才会成功。教师必须将内容和技能融合起来，对学习进行设计和管理，并使用领导手段来激励学习者，让他们组成各个高效配合的团队，同时教会他们如何管理自己的学习过程（马卡姆，2015），具体体现为教师对学习过程的一系列支持。基于项目的学习的研究实验大多局限于这方面经验不足的教师实施的科学课程，大多数教师发

---

① 统整型课程：课程内容处于一种开放关系的课程，知识之间的界限模糊，教师对学生的控制减弱。在完全统整型的课程里，教学没有固定时段，是一种共同的教学、共同的考试模式以及共同的教学活动。

现在基于项目的学习的计划、管理或评价方面存在相当大的挑战。对于指导者来说，基于项目的学习的主要挑战有两个。一是诊断学习者的学习状态，二是提供多少支架到学习项目中。一方面，基于项目的学习的关键特征是学习者控制过程，教师提供给小组成员设计、开发及执行项目的机会；另一方面，提供适量的支架支持学习者，降低任务复杂性、减少学习者的挫折也是指导者的工作（Mcloughlin 等，2002）。

信息技术的发展不断渗透进教学领域，程序教学、计算机辅助教学、智能导师系统、自适应学习系统的研究均是技术在教学实践中应用的具体表现。研究者们一直在寻求使用技术手段实现对教与学过程支持的最大化，从内容呈现到资源拓展，从简单的反馈到动态的适应，从辅助教师教学到智能代理，从对个体学习的支持到同伴互助学习，使用技术改善学习环境的优势日益突出，对教与学的支持范围不断扩大，支持力度也不断增加。技术增强型学习环境为学习过程创造交流机会，促进学习者反思和高阶思维技能的获得。基于项目的学习作为一种基于建构主义学习理论的复杂学习，技术为其提供了丰富的资源和认知工具。认知工具扩展了学习者的学习范围及能力（Salomon 等，1991）并为他们提供支持：①收集与处理数据信息；②提供可视化的数据分析工具；③收集与分享信息；④计划、构建和检验模型；⑤制作多媒体文件表达理解（Novak 等，2006）。这些特征扩展了问题的范围，使学习者能够多维度认识问题的各种状态。嵌入式评价工具、认知暗示与反馈功能为学习者的交流协作和反思提供支架，促进有效的交流和反思行为的发生。知识表征工具有利于学习者清晰地表达认知过程和结果，从而进一步促进学习者反思。技术增强型学习环境为基于项目学习的实施提供了多种工具支持，在应用过程中教师面临的最大挑战是如何以相互耦合的方式设计课程，以及如何有效地整合技术工具（Barab 等，2002）。基于项目的学习强调了学习者对学习过程的管理与组织，以学习者为中心的观点导致过度夸大学习者的权力，削弱教师对教学过程的干预；学习者常常聚焦于"做"，力求获得想要的结果而非学习是否发生，即聚焦于"做"而非"学"（Schauble 等，1991）。虽然教师建立了学习环境，但学习过程是以学习者的动机、方向和成就为特征的，尽管这一过程本身耗时较长并且常常模棱两可，但是仍需要教师的支持（Blumenfeld

等，2006）。教与学是一个相互适应的动态过程，对学习者特征的掌握以及对其学习过程和学习结果的评价是教师实施有效教学的前提。所谓"因材施教"，即强调对不同的学习者提供适合其特点和需要的教学内容并实施相应的教学方案。在传统教学中，教师通过观察了解学习者的特点和学习进度，调整学习内容和教学策略，而网络环境下的基于项目的学习由于教师缺乏对学习过程的有效监测和适当干预，导致交互、反思、建模等学习行为难以发生，或者流于形式，缺乏高质量的知识建构，不利于学习者高阶思维能力的发展。尽管基于项目的学习强调真实的学习问题和任务，强调在实践应用中习得学科知识并提升学习能力，但对于在学校接受教育的学生而言，其学习活动不同于真实工作，即学习具有特定的目标，需要教师的引导和指导，通过各种辅助手段，学生可以获得其在自由环境中难以获得或不能顺利获得的知识和能力。

二、研究意义

本书从认知视角对基于项目的在线协作学习的要素和发生过程进行分析，探究学习过程中学生所面临的认知负荷。在对认知负荷进行分析的基础上，提出学习支架设计的原则和依据，构建来自教师、同伴、技术的学习支架体系以及具体的学习支架策略，同时还提出支持基于项目的在线协作学习的在线学习环境构建的原则和方案。研究意义体现在如下两个方面：

1. 学术意义

首先，为研究者解读基于项目的协作学习提供了一个新的视角；其次，对教师、技术和同伴等不同来源学习支架及其关系的分析拓展了学习支架的范畴，为进一步研究技术对基于项目的在线协作学习的支持提供了新的思路；最后，整合与融合的学习支架观对基于项目的在线协作学习环境的创建具有一定的理论参考价值。

2. 应用意义

为教师开展基于项目的学习提供理论基础，使教师从学生的认知发展角度理解基于项目的协作学习，认识基于项目的在线协作学习中教师的角色、任务和工作方法，为教师开展在线环境下基于项目的协作学习提供借鉴和参考。

三、内容框架

本书的内容总体上可以分为两大部分：一部分是基于项目的在线协作学习解析，从认知视角分析了基于项目的在线协作学习的发生过程及要素；另一部分是在对基于项目的在线协作学习进行分析的基础上提出在线学习支架的理论基础和依据、学习支架来源及其相互关系以及学习支架策略，再基于此提出基于项目的在线协作学习环境的构建原则和方案。其内容框架如图0-1所示。

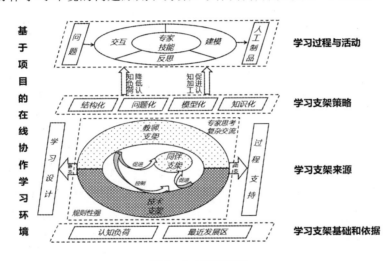

图 0-1 内容框架

1. 基于项目的在线协作学习认知视角解析

本部分从认知的视角提出了基于项目的在线协作学习所应达到的目标、认知过程和要素。基于项目的在线协作学习以学习者获得专家技能为目标，体现在领域核心概念和原则的习得以及在该过程中所进行的思维活动和认知策略方面。基于项目的在线协作学习以问题为出发点，以人工制品为学习产出。问题和人工制品是基于项目的在线协作学习的两大核心要素。问题具有主题相关性和挑战真实性的特点，是具有开放性、多解决方案的劣构问题；人工制品具有虚拟性和社会性的特征。学习在外部体现为问题解决、人工制品制作与完善的过程。在内部认知层面体现为学习者专家技能的获得，即学习者认知图式中领域核心概念和原则的获得及获得过程中所进行的思维活动，亦即学习者认知图式的发展与完善。学习目标的达成基于学习者在问题解决过程中的探究过程，该过程在组织层面体现为问题表征、问题解决方案生成与论证、问题解决方案实施以及实施过程中的监督与评价等环节；在认知层面主要包括同伴交互活动、个体反思活动和建模与表征活动的相互交织与迭代。在基于项目的在线协作学习中，认知横向分布于同伴、教师等个人之间，纵向分布于人工制品、技术工具等的时间跨度中。

2. 基于项目的在线协作学习支架设计的理论基础

本部分对基于项目的在线协作学习支架设计的理论基础、设计原则与依据进行了分析与阐述。

（1）理论基础。

首先，结合最近发展区、认知负荷和分布式认知理论分析了基于项目的在线协作学习支架的理论基础。①结合最近发展区理论分析了基于项目的在线协作学习的目标——专家技能的发展过程。专家技能的发展是一个动态的、连续的过程，是一个从简单到复杂的循序渐进的螺旋式上升的"生长"过程。学习过程应遵循发展的阶段性和连续性，分解学习目标和任务，使学习者的学习始终处于最近发展区内。为学习者提供必要的学习支架使其度过最近发展区。在保证学习者认知发展的基础上最低限度地提供学习支架。②从基于项目的在线协作学习的问题和任务的高交互性与学习者的新手特征，分析学习者在基于项目的协作学习过程中所面临的认知负荷。新手学习者认知图式的复杂度和自动化程度较低，难以顺利提取相关认知图式处理外部的信息，而问题和任务的高交互性则增加了工作记忆中所需要处理的要素个数，学习者所具备的用于认知图式建构的认知资源极为有限。③从认知的分布性解释基于项目的协作学习中知识的协作建构过程。人类社会所具有的公共知识来源于个体的共同建构，而这些公共知识又分布于个体和物品中。基于项目的在线协作学习中的人工制品是小组成员个体知识的交互与整合过程，也是新的知识与已有经验的碰撞、协调过程。建构过程实现了个体知识之间、新旧知识之间的融合，综合体现在人工制品之中。人工制品所体现的问题解决的知识和策略同样分布在小组成员个体的认知图式中，体现了认知图式中核心概念的建构以及获得概念过程中所进行的各种思维活动以及由此生成的问题解决策略。在完成人工制品的过程中，同伴、教师和案例都能够成为学习者的学习资源，作为新的信息引发学习者的认知冲突以及同化和顺应操作。

（2）设计原则与依据。

基于认知图式和认知负荷理论的相关观点，基于项目的在线协作学习具有任务高交互性和学习者认知图式不完善的特点，学习者在这个过程中面临总体认知负荷超载且相关认知负荷不足的问题。基于项目的在线协作学习支架设计以降低学习者的外部认知负荷、分解内部认知负荷和适当提升相关认知负荷为原则，以学习者与任务之间的认知负荷的诊断为支架设计依据。

3. 基于项目的在线学习支架来源

本部分从基于项目的在线协作学习教学设计和学习过程支持两个维度对基于项目的在线协作学习支架来源进行了分析，针对教师、同伴、技术三种来源学习支架的作用和特点进行了分析，阐述了三种来源学习支架相互之间的关系。基于项目的在线协作学习支架体现在教学设计阶段的静态支架和学习过程中的动态支架两个方面，学习支架的来源有教师、同伴、技术三种。技术来源的学习支架是学习的基础，为学习过程提供外部支持，以静态支架的形式嵌入基于项目的在线协作学习设计中。技术来源的学习支架主要提供规则性较强的支架，创设学习过程结构和认知空间，最大限度地降低学习者的认知负荷并减轻教师负担；同伴来源的学习支架是主体，是内部支架，以动态支架的形式在学习过程中发挥作用；教师来源的学习支架是主导，是学习支架的设计者和提供者，教师掌控技术支架的应用并参与学习者的学习过程，引导学习者的学习活动；同时，激发同伴支架的内部驱动作用。教师和同伴来源的学习支架侧重于从复杂交流和专家思考方面提供支架。基于项目的在线协作学习应整合教师、技术两种外部学习支架和同伴这一内部学习支架，三种来源的学习支架互相补充、有机统一，形成以教师为主导、同伴为主体、技术为辅助的基于项目的在线协作学习支架体系。

4. 基于项目的在线学习支架策略

本部分在对基于项目的在线协作学习过程中的四个问题解决环节（问题表征、问题解决方案生成与论证、方案实施、监督与评价）和三类认知活动（同伴交互、个体反思、建模）中学习者面临的认知负荷进行分析的基础上，提出基于项目的在线协作学习的四种主要学习支架策略：结构化学习支架策略、问题化学习支架策略、模型化学习支架策略、知识化学习支架策略，并对其应用方式及支架来源进行了阐述。结构化学习支架策略主要用于对基于项目的在线学习过程进行分解，为协作学习过程提供活动空间，是一种基于技术工具的静态支架。问题化学习支架策略贯穿于学习的全过程，基于学习者的学习状态和最近发展区提出引导性问题，激发学生反思。一方面是对学习产出提出问题；另一方面是在互动过程中提出疑问，使学生维持学习方向、持续学习过程。模型化学习支架策略为学习者提供了观察与模仿的对象，使学习者可以看到最终学习产出应具备的特点，通过学习过程逐步接近或超越模型所体现的专家图式。知识化学习支架策略是基于学习者认知空缺所提供的领域知识支持，是学习者解决问题的必要支持条件，通过问题整合领域知识、在问题解决的过程中习得知识。教师应集中精力为学习者提供复杂问题解决所需要的专业化程度较高的问题化支架。

5. 基于项目的在线学习环境构建

本部分探讨了基于项目的在线协作学习的认知过程及需要的支持，阐述基于项目的在线协作学习环境构建的原则、技术学习支架工具及学习环境的构建思路。基于项目的在线协作学习环境构建应基于适量性原则、整合原则和融合原则。适量性原则要求学习环境中所提供的支架应适度，本着降低无关认知负荷、促进相关认知负荷的宗旨为学习者提供支持，使其认知始终处于最近发展区之内。整合原则体现在技术来源学习支架之间的整合和技术来源学习支架与其他来源学习支架之间的整合。技术来源学习支架之间应形成一个统一的整体，在学习过程的各个阶段以及学习活动的各个方面建立连接。技术来源学习支架与来自教师、同伴的学习支架应优势互补、相互融合。融合原则体现在技术来源学习支架融入学习过程和学习活动中，自然而然地与学习者的学习融为一体，退到教育背后，成为学习有机体的一部分，使学习者虽身处其中却感受不到其存在。

技术来源学习支架工具包括认知活动工具、学习过程管理工具、学习诊断工具和学习干预工具。认知活动工具主要是对复杂问题解决过程的支持，表现在多种形式的同伴交互工具、个体反思工具和建模工具方面。包括语义组织工具、动态建模工具、信息解释工具、知识建构工具、交流协作工具等。学习过程管理工具包括支持教学方案和学习活动安排的学习设计工具、学习过程组织与管理工具、任务管理和成果管理工具以及评价工具。

学习环境包括由技术工具构建的硬环境以及由教学设计和教学策略构成的软环境。基于项目的在线协作学习的硬环境主要是学习空间中的模板和工具集，用于结构化学习过程，设置学习路径和学习活动空间。基于项目的在线协作学习的软环境由静态的教学设计和动态的过程支持构成。教学设计是对问题和任务、学习活动要求、学习过程建议进行整体设计，并将学习的内容和学习过程中的相关活动要求、规范、结构和模板嵌入学习活动的支撑工具中。教学过程支持包括对学习的诊断和干预。学习诊断一方面用于判断同伴交互、个体反思以及建模等学习行为是否发生；另一方面用于判断学习行为所产出的学习质量，体现为阶段性成果和最终的人工制品。学习干预是指在学习活动过程中根据学习者的表现所给予的动态支持。其主要表现为教师和同伴通过社会交互所施加或产生的干预。教师干预表现为结构化学习支架策略、问题化学习支架策略、模型化学习支架策略和知识化学习支架策略。同伴学习支架表现为学习者交互过程中所形成的析出观念、辨分观念、添加观念、反思和梳理观念（林和艾伦，2016）的过程，以知识化学习支架、问题化学习支架和模型化学习支架的形式存在。静态学习支架与动态学习支架相结合，与此同时，整合教师、技术两种外部学习支架和同伴这一内部学习支架。技术主要提供规则性较强的学习支架，教师和同伴则侧重从复杂交流和专家思考方面提供学习支架。以技术学习支架为基础，提供规则性较强的学习支架功能，创设学习过程结构和认知空间，最大限度地降低学习者的认知负荷，减轻教师负担；以教师学习支架为主导，教师掌控技术支架的应用并参与学习者的学习过程，引导学习者学习活动的方向，同时还可以激发同伴学习支架的内部驱动作用。

第一章

基于项目的在线协作学习概述

　　基于项目的在线协作学习是在基于项目的学习基础上发展起来的。提到基于项目的学习,我们很容易联想到学徒制,如裁缝、木匠的培养方式和过程。那么,学徒是如何获得知识和技能的？通常情况下,学徒所做的工作是一个由简单到复杂的过程,刚开始学习时,主要是观察师傅的操作,然后模仿并完成简单的工作,如款式和工艺较为简单的衣服制作、简单家具的制作等。随着技能熟练程度的提升,再进一步参与复杂的工作。无论哪个阶段的学徒,其所需完成的工作都比较具体,在完成工作的过程中通常会遇到问题,此时则需要观察师傅（或水平更高的同伴）的操作,听其讲解相关的知识和技巧,然后在工作中进行实践。观察—模仿—反思—接受指导—练习构成了学徒学习过程的主要环节。知识在人际交流互动以及自我的反思中内化,技能在反复的练习中日趋熟练,当然,这是一个长期的实践探索过程,知识与技能的掌握程度体现在学徒制作完成的人工制品中,如衣服、家具等。

　　随着学科领域知识的发展成熟,人类所拥有的知识也呈现出系统化、科学化、复杂化、精细化的特点,为了加快年轻人掌握知识体系的速度,基于班级授课的知识传授被普遍采纳。随着认知科学的发展,人们逐渐认识到学习是主动建构知识、发展技能的过程,实践在学习中的重要性重新凸显。因此,基于项目的学习等多种强调实践探索的学习模式被人们所重视。信息技术在教育领域的渗透,触发了学习方式的变革,学习中的实践也不再局限于用手操作实物方面,人工制品有了更加丰富多样的呈现形式,学习过程中的交互类型和主体也越来越多元化,而且对学习过程的组织与管理越来越规范化。对于这种新形式的基于项目的学习，其学习流程是怎样的？学习过程中的活动包括哪些？学习的产出形式是什么？……针对这些问题，本章在对基于项目的学习进行概念界定的基础上，从理论基础、学习目标、核心要素、学习过程、认知活动等方面对基于项目的在线协作学习进行了概述。

第一节 什么是基于项目的学习

基于项目的学习（Project-Based Learning，PjBL）又被称为"项目化学习"，是一种以项目的形式组织学习的教学模式，是班级授课形式下为促进学生的实践技能发展而兴起的一种教学模式。其历史起源可以追溯到古代的"学徒制"，与"学徒制"一样强调实践和产出的社会价值。作为一种教学模式，基于项目的学习同时具有一些新的特点，如以学科或领域核心知识和技能的掌握为目标、学习过程以真实情境的问题驱动、强调学科知识的整合以及知识与经验的整合等。本节将对基于项目的学习概念进行界定，并阐述其特点及其与基于问题的学习的区别。

一、基于项目的学习概念界定

布鲁门菲尔德（Blumenfeld）等（1991）将基于项目的学习描述为相对长期的、问题聚焦的、整合了多个学科或研究领域的有意义的教学单元，并提出基于项目的学习具有以下特点：①持续时间较长的调查，在调查过程中强调迭代和渐进地加深理解；②由作为学习驱动的问题的解决方案组织和定义学习需求；③项目产生的一系列人工制品体现了对驱动问题的理解。其中"问题"和"人工制品"是基于项目的学习的两个核心要素。刘景福等（2002）将其定义为"以学科的概念和原理为中心，以制作作品并将作品推销给客户为目的，在真实世界中借助多种资源开展探究活动，并在一定时间内解决一系列相互关联着的问题的一种新型的探究性学习模式"。胡庆芳等（2003）则认为，基于项目的学习通过实践体验将领域知识内化吸收，并形成专门的技能，从而实现发展。应力恒（2008）提出基于项目的学习应"以职业能力为目标、以工作任务为载体、以技能训练为明线、以知识掌握为暗线进行。以工作任务为中心设计课程内容和组织教学活动，达到技能的提高和知识的构建"，其目的在于使学习者的在校学习与工作应用实现零距离衔接。从以上定义可以看出其共同之处，如都统一于教学单元或学科概念下，强调在实践和问题解决过程中发展知识和提升技能。基于项目的学习的精髓是告诉学生如何思考，帮助学生从最根本、最深层次来理解领域或学科的核心知识（概念和原则，而非事实和数据），能够运用相关概念并深刻理解相关原则（马卡姆，2015）。此处强调概念而非主题，因为主题是由事实支撑、零散知识构成的知识；而概念则不具有时间性并且十分抽象，它是一种在各类学科中都可以看到的广义性理念。只有从概念出发，才能更好地达到基于项目的学习的核心目标。概念教学帮助教师从最深层构建学习项目，有助于从学科角度来思考问题，而不是局限在某个主题中。主题往往强调信息获取和单一的学习方法，而学科则强调知行合一，帮助学生发现主题或事实之间的模式与联系。借助概念，帮助教师走出过度强调事实和孤立地学习主题的误区。基于项目的学习把重点放在提供基于学科的概念和原则上，再以事实和话题作为工具来加深学生们的理解（马卡姆，2015）。基于项目的学习突出学生实践参与的重要性。不同的定义其侧重点有所不同，如有的强调学习的长期探究性，有的突出其作为教学活动组织手段的作用。摩根（Morgan，1983）提出基于项目的学习的三个一般模型：①项目练习：学习者将已经获得的知识和技术应用到已经熟悉的学科领域。即传统类型的项目化学习，属于以教师为中心的项目的组成部分。②项目组成：该类型的项目的目的更宽泛、范围更大、项目的跨学科性更强，常常与"真实世界"的问题关联；项目目标包括发展问题解决能力和独立工作能力，通常与传统的讲授方式并行。③项目导向：项目是学习者完成大学教育的整个基础，教师的教学仅仅是补充项目主题的要求，项目材料由项目主题的需求决定。项目组成和项目导向均以学习者为中心。教师可以基于一个教学单元设计项目，将项目融入教学单元中，也可以将项目拆分，整合到一套教学计划中（马卡姆，2015）。海特曼（Heitmann，1996）区分了"项目导向的研究"和"项目组织的课程"。前者指在个别课程中使用小的项目,通常持续到项目课程的结束。项目通常结合传统的教学方法,聚焦于应用以及整合先前获得的知识,以个体或小组的形式实施。后者使用项目作为整个课程的结构化原则,将学科导向消除或降至最低限度,且关联到一个具体的项目。学习者以小组形式工作,教师作为建议者和咨询者组成一个团队。

作为课程教学层面的基于项目的学习,其更多地体现为一种课程组织形式和教学模式。从相关定义可以看出,作为一种教学模式,基于项目的学习的突出特点是问题的真实性、内容的跨学科性、学习过程的探究性、学习结果的社会性,主要体现为学习以真实问题为驱动,通过解决问题获得专家技能,实现认知图式的发展与完善。本书将基于项目的学习定义为一个复杂问题解决的过程,以专家技能的形成为主线,以真实问题为驱动、以人工制品为产出,在解决问题的过程中学习者通过交互、反思和建模等认知活动进行探究,实现学习者内部认知图式的建构与自动化(李梅,2017)。其最终目标是学习者对领域核心概念与原理的掌握,即专家技能的获得,表现为学习者领域知识的内化和知识迁移能力的提升以及批判性思维和元认知能力的培养。基于项目的学习旨在通过解决问题的实践而学习,其最终产出在外部体现为人工制品,通过探究活动达到问题与人工制品的转化,其过程如图 1-1 所示。问题的解决伴随着人工制品的生成与完善,在内部认知层面体现为学习者认知图式的改变。人工制品的制作与完善是问题解决过程与结果的体现,是一个由同伴交互、个体反思和建模活动构成的探究过程。问题驱动学习者进行探究,其内部模型的外化则体现到人工制品中。该过程中的要素相互交织、循环往复、不断迭代。问题解决是连续的过程,而体现认知发展的人工制品也是连续的、逐渐完善的。因此,两者是一种此消彼长的关系。

图 1-1 基于项目的学习过程(李梅,2017)

二、基于项目的学习特点

在对基于项目的学习进行概念界定以及对基于问题的学习进行比较的基础上，本部分对基于项目的学习的特征进行梳理总结。基于项目的学习的特征是其区分其他教学模式的重要依据。有学者提出，基于项目的学习有六大特征：驱动学习、聚焦目标、参与实践、投身协作、技术支架、创造产品；也有学者将其概括为四大特征：驱动问题、扩展学习、协作、联系社区（董艳，2021）。本部分将从问题驱动、整合性和产出的社会性三个方面来陈述基于项目的学习的特征。

（一）问题驱动

基于项目的学习是由问题驱动的，在学习开始之前，向学习者呈现问题情境，以问题为出发点，寻求问题解决方案并付诸实施。基于项目的学习中的问题具有真实性、劣构性的特点。问题的真实性是指问题所处的情境具有真实性，问题来源于真实的社会实践。问题的劣构性通常是指问题结构的某些方面缺乏良好的定义，表现在：①问题的目标不明确，且没有足够的信息解决问题（Chi 和 Glaser，1985）。②问题描述不清楚，解决问题需要的信息没有包含在问题表述中；目标和限制条件不明确，问题要素不清晰。③问题解决方案和路径有多种，或没有解决方案。④问题解决的结果具有开放性，没有明确的评价标准确定哪种方案是最优的（Kitchner，1983；Chi 等，1985），需要对意义建构的结果进行反复的协商、检验、证伪，使其具有客观性。与劣构问题对应的是良构问题。良构问题呈现了问题的所有要素，包含数量有限的以预设和约定俗成的方式排列的规则和原理，有着正确的、统一的答案，并有首选的、指定的解决过程（Jonassen，1997）。Greeno（1978）认为，良构问题有定义良好的初始状态，已知的目标状态，逻辑操作约束集合。Simon（1973）从是否能够使用人工智能支持问题解决的角度提出了良构领域问题的一些特征，良构问题的最大特点是具有规则性，能够运用推理实现问题的解决。良构问题和劣构问题之间的界限是模糊的、动态的，不易形式化。对于劣构问题，通过解释没有被解释的现象，能够逐步缩小劣构问题的范围。

（二）整合性

基于项目的学习中的整合体现在四个方面：一是知识的跨学科整合，二是知识与经验的整合，三是"学"与"教"的整合，四是"学"与"用"的整合。

知识的跨学科性主要体现在项目化学习围绕问题组织学习内容，打破了学科之间的界限。基于项目的学习是一种"弱分类、弱架构"的统整型课程模式，与传统的"强分类、强架构"的聚集型课程模式形成了对比。这里的分类是指知识分类，即知识的边界是否清晰，边界清晰的为强分类，反之则为弱分类（伯恩斯坦，2007）。基于项目的学习所体现的知识跨学科性不是指将所有学科的知识混合在一起进行学习，而是强调以问题解决为核心，将所用到的知识集中在某一个主题之下。在解决问题的过程中强调知识的工具性，弱化学科界限，突出跨学科的特点，将知识融入问题解决和人工制品的制作过程中，以问题整合知识。该特性也表现了知识的生成规律与特点，知识是对实践中遇到的问题进行处理所获得的经验的反复检验与抽象，其在本质上是综合的，学科知识是对知识的人为划分。当知识反过来应用到实践中解决问题时，仍然不应受到学科分类的限制。

知识与经验的整合体现为学科领域知识与学习者已有经验的整合。基于项目的学习强调以领域概念的获得为抓手，旨在使学习者获取需要的知识以解决出现在项目中的问题，从而实现有意义的学习，而非始终接受二手知识的被动学习者（Thomas，2000）。对于处于接受教育阶段的学习者来说，掌握领域核心概念和原理是教学的重要目标之一，而知识输入型教学并不能实现学习者已有认知图式与新知识的有机融合。基于项目的学习强调基于问题解决进行学习，在解决问题的过程中析出观念、添加新观念、辨分观念、反思和梳理观念（林和艾伦，2016），从而实现经验与知识的无缝衔接，使知识在应用的过程中在已有经验的基础上生成，实现知识的内化，达到有意义的学习。

"学"与"教"的整合是指学与教之间的相互融合，犹如一条拉链的两侧紧扣在一起。基于"学"设计教、实施教、评价教。"教"的作用在于为"学"提供更好的外部支撑，促进学习者更好地"学"。

"学"与"用"的整合是指基于解决实践中的问题而学，在实践中探索。实践探索体现了基于项目的学习对"做"和"思"的强调。"纸上得来终觉浅，绝知此事要躬行"说明了实践的重要性,王阳明所提出的"事上练"更是突出了实践对所思所想正确性的检验。有研究发现,熟练掌握一门技能需要持续练习10 000 小时,练习的时间越长,效果越好(马卡姆,2015)。基于项目的学习强调在实践中习得知识,Collins(1989)认为专家技能需要的知识类型有领域知识和策略知识两种。这两种类型的知识既是新手学习者通过学习需要掌握的,也是在解决问题的过程中需要用到的。"学"与"用"将通过基于项目的学习有机整合在一起。经验的发展具有连续性,新的经验在已有经验的基础上增长起来,而经验增长是在个体与外部环境的互动中实现的。基于项目的学习通过实践弥补了学习者的经验与实践之间的界限,以"习"促"学"。

(三)学习产出的社会性

人工制品是基于项目的学习的较为具体的产出,是基于项目的学习的核心要素之一,不仅是衡量学习者的认知成效的重要依据,也是问题解决有效性的重要体现。由于基于项目的学习面向真实情境中的问题,学习的过程即是解决真实问题的过程,人工制品是对其所解决的真实情境中问题的回应,因此,人工制品具有一定的社会性特征。如,针对社区垃圾分类混乱的问题制作一份垃圾分类宣传册。

三、基于项目的学习与基于问题的学习比较

基于项目的学习与基于问题的学习(Problem-Based Learning,PBL)有一些相似之处,在实践中经常会引起混淆。在此对两种教学模式做简单的比较:基于问题的学习和基于项目的学习有一些共同之处,表现为:①以问题为起点。问题是学习需求的来源和驱动因素,具有启发和培养学习者积极思维的作用。②以学习者为中心。强调学习者在学习中的责任和主动性。③教师的角色是指导者或协调人。两者的不同之处在于:①基于项目的学习具有跨学科性、学习产出的社会性等特点,带给学习者一种真实的课程体验,是一种生成型课程。基于项目的学习使用学习者在实践中可能面临的情境或经验作为学习的起点(Blunden,1990),且项目持续时间相对较长,同时,在问题的解决过程中整合不同学科的知识以及理论与实践。问题解决体现在最终的人工制品中,直接指向知识应用

（Prince 等，2007）。②基于问题的学习是一种设计型课程，用精心设计的或结构化的问题引导学习者发现"正确"的解法，强调特定学科知识的获取，问题解决过程比最终作品更重要（Prince 等，2007）。基于问题的学习一般持续时间较短，且学习者在解决问题之前没有正式获取必要的学科知识。③基于项目的学习强调学习者管理时间和资源以及区分任务和角色。④基于项目的学习自我导向性更强。

第二节 基于项目的在线协作学习

基于项目的在线协作学习是指在技术支持的在线学习环境中实施基于项目的学习。基于项目的在线协作学习具有基于项目的学习的基本特点，如学习的目标、核心要素、学习过程和认知活动等。其不同之处在于学习过程依托于在线学习环境，学习内容的呈现、学习活动的组织均在学习平台中进行，师生交互和生生交互均属于远程交互，需要技术工具的支持，学习产出也具有数字化的特点。同时，技术支持的在线学习环境为学习过程提供了丰富的多样化学习支架，取代了一部分原来由教师负责的工作。本节将对基于项目的在线协作学习的理论基础、学习目标、核心要素、学习过程、认知活动进行分析。

一、基于项目的在线协作学习的理论基础

基于项目的在线协作学习的理论基础主要包括建构主义、"做中学"理论、社会交往理论、分布式认知理论、社会实在论和知识整合理论。其中，建构主义学习理论阐述了学习的目标和学习过程中的认知活动和过程；"做中学"理论突出了学习过程中实践的重要性，动"脑"与动"手"在学习过程中统一为一个整体；社会交往理论指出了学习的发生离不开社会文化环境，学习最先发生在社会层面，然后才内化于个体层面，认知的建构过程中个体与社会相互依赖；分布式认知理论认为认知分布在主体、制品和环境中。在学习的过程中，从社会维度来看，认知分布于参与学习的个体之间，学习者之间通过交流协商共同建构意义，

从时间维度来看，认知体现在人工制品的制作与完善的过程中；社会实在论和知识整合理论强调知识的力量，在学习过程中，学习者的认知发展表现在核心知识的掌握和应用方面，应在问题解决过程中整合知识。

（一）建构主义

建构主义对基于项目的在线协作学习的理论支撑主要体现为以下几个核心观点：学习是认知图式的发展，问题是引起认知不平衡的外部因素，同化与顺应是学习者与环境主动交互的过程。

1. 学习是认知图式的发展

皮亚杰是建构主义理论的最早提出者，他从内因和外因相互作用的视角来研究儿童的认知发展，提出了认知图式（也称"认知结构"）发展理论。所谓认知图式，是指个体对世界的知觉、理解和思考的方式（皮亚杰，1981），由知识与知识的组织形式构成。皮亚杰认为，认知图式是在学习者与环境的相互适应过程中形成的，其发展过程既不是外部物理世界的简单复制，也不是主体内部预成结构的展现，而是从与客体的相互作用中获得的。认知图式是认知的起点和核心，认知图式的形成和变化是认知发展的实质，学习的过程即认知图式的发展过程和结果。首先，认知图式是一种信息接收系统，它体现了个体已有各种知识板块之间的有机、能动的关系。其次，在认知过程中认知图式能够起到积极的组织和构造作用，外来的信息只有被吸收到这个认知图式中才有意义。最后，认知图式也是一种信息提取系统，当某一图式被激活后，人们能够从知识板块的这种有机结合中预测出某种期待信息即将出现（衷克定，2011）。

认知图式是如何发展的呢？皮亚杰（1981）认为，推动认知图式形成和发展的三个过程是同化、顺应和平衡。认知图式的改变通过同化或顺应完成，同化是指个体对外部刺激输入的过滤或改变的过程。当个体感受到刺激时，把它们纳入头脑中原有的认知图式中，使其成为已有认知图式的一部分，就像消化系统吸收营养物质一样，表现了个体对环境的作用。顺应是指个体调节自己内部的认知图式以适应特定刺激情境的过程，体现了环境对个体的影响。当个体不能用原有图式来同化新的刺激时，则需要对原有认知图式加以修改或重建，以此来适应环境。顺应与同化相伴随，相互交织在一起，即个体内部与外部相互作用，实现对环境的适应。平衡是指个体通过自我调节机制使认知发展从一个平衡状态向另一种较高水平衡状态过渡的过程。平衡是认知发展的结果，平衡状态不是绝对静止的，而是通过个体与环境的相互作用，不断地从一种较低水平的平衡状态过渡到一种较高水平的平衡状态。平衡的这种连续不断的发展，就是整个认知发展的过程（皮亚杰，1981）。换句话说，平衡就是通过同化和顺应的过程消除认知冲突，实现认知图式的发展。同化与顺应之间的平衡过程，也就是认知上的适应。平衡过程体现了个体调节同化与顺应的关系，调节个体知识中各子系统之间的关系，调节个体部分知识与整体知识之间的关系。因此，平衡是同化和顺应的结果，而引起同化和顺应操作的是认知上的不平衡状态。所谓认知不平衡状态，在微观层面上体现为认知冲突，在宏观层面上则表现为问题。学习的过程是问题不断得到解决的过程，前面的问题解决了，又会出现新的问题。也就是说，认知是持续的、连续发展的过程，这种观点与发生认识论的阶段理论是完全吻合的（施良方，2001）。在解决问题的过程中，学习者主动进行积极的认知加工活动，建立新旧信息之间的关联或者实现已有知识点之间关联的增加或改变，学习者的认知图式不断协调逐步形成一系列由低级到高级的心理图式。因此，问题解决的过程是学习者内部认知图式不断同化、顺应达到新的平衡的过程。当学习者认知图式中关于某一领域的知识达到了专业化的水准时，则在处理该领域的相关问题时，接收信息、识别信息、提取信息、生成问题解决策略等认知活动都将达到自动化的程度。"思维的列车飞快地驶过我的心间，快得来不及意识到中间的步骤，结论就已经到了眼前。"福尔摩斯的这句话所描述的现象就是认知自动化的一种表现。

2. 问题是引起认知不平衡的外部因素

皮亚杰认为，认知的不平衡状态是认知过程发生的前提条件。认知的不平衡即认知冲突，具体表现为问题，问题是推动认知发展的驱动因素。梁启超（1922）认为，"凡一个问题总有多方面，又正因有多方面才成问题。我从这方面看，有这样的主张，你从那方面看，有那样的主张，于是乎问题成立"。乔纳森（2007）认为，问题是一个未知数，解答这个未知数具有某种社会的、文化的或智力的价值。寻求未知数的过程即问题解决的过程。因此，问题在内部认知层面表现为已有认知图式不能够直接表征的信息集合，在外部则表现为从一个状态到另一个状态之间的路径。学习者在学习过程中所面临的问题是一种"有价值的困境"（Bjork，1994），这种问题能够激发大脑皮层的特定区域产生兴奋。如果问题与学习者的认知图式能够建立一定的连接，即与已有经验有重叠的部分，则学习者会启动同化或顺应过程消除冲突，使认知达到一种平衡状态。如果问题过于简单，则学习者可以较为快捷地利用已有认知图式识别问题，并总结出问题解决策略；如果问题较为复杂，则通过已有认知图式自动生成解决方案较为困难，需要更为复杂的认知过程，包括对问题的分析、问题解决方案的生成与论证等，在这个过程中，同化与顺应活动并非一次性完成，而是通过已有图式中信息、策略的检索以及新的信息加入不断缩小问题空间，降低问题的不确定性，最终消除问题，达到认知图式的平衡状态；如果问题特别复杂，远远超出了学习者的经验范围，则无法引起学习者的认知冲突。

3. 同化与顺应是学习者与环境主动交互的过程

皮亚杰认为学习是个体与环境的交互作用。学习并不是外部信息的简单输入，而是通过同化与顺应掌握解决问题的程序和方法，即建构新的认知图式。学习是通过反身抽象和创造的过程，在原有图式的基础上构建新的认知图式（施良方，2001）。如果信息要被保留并且与记忆中已经存储的信息有关联，学习者必须参与到一些类型的信息加工过程中，如练习、组织和解释（Gagne，1985）。这样的加工技术能够帮助学习者认知结构化或重新建构，有助于学习者更好地和更久地巩固知识（Wittrock，1978）。为了完成这些任务，学习者（不管他们扮演的角色是什么，问题提出者或评价者）必须持续地重新检验教学材料以便指出关键的具有差异的特征以及紧密相关的类别之间的区别。他们必须同样澄清信息片段之间的关系，比较新获得的概念与先前学习的概念。根据信息加工理论，这些活动对认知发展有利（Yu等，2005）。学习过程中所出现的错误也是引发学习者顺应认知图式的契机，通过反复思考招致错误的缘由、进行推理，逐渐消除错误。其中的推理是通过学习者的自我调节过程而产生的。通过否定的行动解决矛盾、消除差异、排除障碍或填补间隙，并把所观察到的结果同化到修正过的知识结构中（施良方，2001）。无论是同化还是顺应，只有在学习者主动投入认知活动时才会发生。在这个过程中，学习者的交互对象除了外部环境中提供的信息之外，还包括与学习者之间的交流协商和对认知产出物的反思。

（二）杜威的"做中学"理论

杜威认为"教育即生活""学校即社会"，强调了活动在教学中的应用以及直接经验的教育价值。在这里，活动是获取经验的一种手段，经验的连续性及其向着教育目标的方向发展是设计活动的关键。杜威十分重视学生个人的经验，强调教育与个人经验之间的有机联系，提出"教育就是经验的改组或改造"的观点，一切真正的教育都是在经验中产生的。经验具有交互性和连续性的特点。经验的交互性体现在经验是客观条件和内在条件的相互作用方面，个体与环境的相互作用构成情境，学习者在适应环境的过程中获得或改变自己的经验。经验是个体与其当时所处的环境之间发生作用的产物。经验的连续性是指个体内部的经验在时间维度上的延续。每种经验都基于过去的经验而生成，同时又用某种方式改变未来经验的性质，影响未来经验获得的客观条件，这体现了经验所具有的主动的一面。连续性和交互作用既相互交叉又相互联合，构成了经验的经度和纬度。学习的过程是学习者通过参与实现经验连续发展的过程，经验的发展离不开情境。对于有机体来说，各种不同的情境连续出现，经验的连续性可以使先前情境中的某些东西传递到以后的情境中。从经验的发展方面来看，只有当相继出现的经验彼此结合在一起时，才能建立起各种事物之间的完整连接。连续性和交互性的有机结合是衡量经验的教育意义和教育价值的标准（杜威，2005）。

对于教育者来说，设计学习者交互的情境直接影响学习者的经验。情境中的交互要素包括学习者个体、学习资源以及所涉及的社会结构。经验发展的连续性原则要求教育者基于学习者的能力和学习目标设计情境，同时在设计教育情境时应顾及未来的情况（杜威，2005）。"做中学"通过设计活动让学生参与，使其经验连接到更广大的经验体系中，实现经验的连续发展。因此，"做中学"的实质是指"通过一个个'设计'，把身体活动引入学校，让学生有机会面临真实任务的挑战，让学生的头脑受到真实任务的激励"（丁道勇，2017）。杜威（1994）认为，身体活动有助于读、写、算的学习，同时也强调学术性学习对于更好地完成身体活动必不可少，所有的活动都是为了学习原理做准备。因此，"做中学"中活动的价值在于引出进一步的对正式课程的学习。情境有助于学习者的经验与外部环境建立联结，情境的变化及不同情境之间的关系是影响经验连续性的关键要素，而领域核心知识在个体与环境持续的交互过程中通过不断地交流信息、推理、验证等认知活动而生成。学习者在一种情境中所学到的知识和技能，可以成为理解和处理后来情境的工具，即学习的迁移。"做中学"是一种探索性的主动尝试，学习者通过这种主动探索来检验自己的想法、发展观念。"做中学"的本质是参与，在参与的过程中实现知行合一和行思合一。

（三）维果茨基社会交往理论

维果茨基的历史文化理论认为，学习的发生离不开社会文化环境。学习最先发生在社会层面，然后才内化到个体层面（Vygotsky，1978），社会和文化因素对认知产生影响。人的社会交互性决定了知识的共同建构性，即社会成员共同建构知识。社会建构主义聚焦在知识共同建构过程中社会和个体的相互依赖过程（Palincsar，1998）。首先，个体从社会中学习。学习者借助于与更有能力的成人的社会交互，通过最近发展区这一潜在发展空间，这些有能力的成人可能是教师、家长，也可能是有能力的同伴。在这个过程中，更有能力的成人或同伴是学习者模仿的对象，学习者在模仿的过程中获得新知，实现认知同化；在交流的过程中对比个体之间的经验，在冲突的处理中进行顺应。因此，与他人的交互是学习者认知发展的重要途径。其次，个体经验的发展为社会贡献新的知识。个体在与他人的交互过程中获取经验、发现经验的矛盾冲突之处、基于冲突改造已有经验。与此同时，个体之间的差异性形成他人认知冲突的来源，也是生成知识的基础。经验差异引发认知冲突，而冲突的生成驱动意义建构，个体之间相互协商产生了新的共同经验，这些经验经过反复的验证、提炼、抽象形成了公共知识。公共知识是一定时间段内社会成员达成共识、异议较少的、相对稳定的假设，而这些知识又分布在社会成员中，成为个体意义建构的背景和基础，同时也是学习者完善和发展的对象。学习者与有知识的社会成员之间的交互是学习发生的重要条件。学习者离开了与更有知识的他人的社会交互，便不可能获得重要符号系统的社会意义及其使用方法。

（四）分布式认知理论

人类社会所具有的公共知识来自个体的共同建构，而这些公共知识又分布在个体、物品之中。分布式认知理论认为认知过程有三种形式的分布。一是分布在社会群体的各个成员之间，社会组织是认知结构的形式。认知在群体之间的分布突出了社会互动的三个基本问题：①与个体思维相关的认知过程是如何在群体中实现的？②群体的认知特性与参与群体活动的个体的认知特性有何不同？③参与群体活动对个体思维的认知特性有何影响？这三个问题体现了知识的个体建构与群体建构的关系。二是认知分布于文化之中。认知研究与文化研究是分不开的，因为主体生活在复杂的文化环境中，这一方面意味着当精神、物质和社会结构相互作用时，文化是从人类主体所处的历史语境的活动中产生。另一方面，文化以物质制品和社会实践的历史形式，塑造了认知过程，特别是分布在主体、制品和环境上的认知过程。在解决问题的过程中，文化是一个为经常遇到的问题积累部分解决方案的过程。如果没有以前活动的积累，人们都必须从头开始寻找解决方案。文化为我们提供了智力工具，使我们能够完成没有它们我们无法完成的事情。三是认知随时间分布于人工制品中。随时间的流逝，承载认知过程和结果的人工制品可以改变后期事件的性质。分布式认知将文化、语境和历史还原为认知的图景。但是，如果不修改旧的认知过程模型，这些东西就不能添加到现有的认知过程模型中。文化嵌入认知的新观点要求我们重塑个体思维模式（Hutchins，2000）。分布式认知的观点体现了人类知识的社会建构性与持续发展性。知识的生成与特定的社会和历史情境相联系，知识存在于整个社会中，而不属于某个独立的个体，个体所拥有的知识只是整个人类知识体系的很小的一部分，但是人类社会的知识体系是个体知识建构的基础和参照。个体建构的知识反过来又成为整个知识体系的一部分，丰富了人类社会的知识。知识体系随着社会实践的进行动态发展。新的实践产生的知识将成为知识体系的一部分，而知识体系中的已有知识也在不断地应用到实践中，接受反复的检验。这里可以把知识体系比喻为整个人类共同构建的一个有待完善的人工制品，而社会中的个体又在不断地交互、修正和完善这个人工制品。知识体系将永远处于动态的发展过程中。公共知识体系是个体经验体系发展的背景和环境，而个体经验体系的发展也改造着公共知识体系，使其富有生命力。

分布式认知为了解人机交互提供了有效的理论框架，认知的分布不仅仅局限在社会层面，技术环境也承载着认知功能，能够使认知超越个人心灵的局限（Hollan 等，2001）。在基于项目的在线协作学习过程中，学习者身处技术环境之中，学习资源被嵌入技术环境中，人机交互通过技术工具支持实现，人工制品以虚拟的、数字的形式存在于技术环境中。技术承载着认知过程和认知结果，也塑造了其中每个个体的认知结构。人工制品是小组成员个体知识的交互、整合过程，也是新的知识与已有经验的碰撞、协调的过程。建构过程实现了个体知识之间、新旧知识之间的融合，综合体现在人工制品中。人工制品所表现出的问题解决的知识和策略同样分布在小组成员个体的认知图式中，体现了认知图式中核心概念的建构和获得概念过程中所进行的各种思维活动以及由此生成的问题解决策略。在完成人工制品的过程中，同伴、教师和案例都能成为学习者的学习资源，从而作为新的信息引发学习者的认知冲突以及同化和顺应操作。

（五）社会实在论和知识整合理论

社会实在论和知识整合理论强调学习过程中知识习得的重要性。针对教学中过于强调经验获得而造成的课程知识与常识的不连续的弊端，扬（Young）提出了"社会实在论"的课程（知识）观。社会实在论强调在教学中让学习者获得知识，这种知识不是固定的或给定的，而是现有的最佳知识，具有开放性，时刻接受挑战与改变（文雯等，2016）。社会实在论的观点体现了知识的产生过程及其动态发展过程。知识是人类实践经验的总结，其唯一来源是实践。即人在与自然环境、社会环境的交互过程中产生的经验，经过提炼、抽象而成为一般的知识。知识产生的一个重要前提是问题或需要，问题或需要驱动人类借助一定的工具或手段解决问题或满足需求，在这个过程中产生了具有情境性的、具体化的经验体系，体现了事物或概念及其之间的关系，这种经验体系具有以下特点：①模糊性。体现了事物的浅层规律，可能存在错误或误差。②片面性。反映了所谓的"知识体系"的某一个方面。③综合性。即跨学科性，包括了不同领域的概念及其关联。实践产生了经验，当经验积累到一定量的时候，便被分门别类地整理、提炼，形成更一般化的知识，然后形成各个学科门类，以便进行深入研究。知识是人类社会建构的，同时也具有一定的客观性，即经过反复的检验、证伪，脱离个体形成公共知识体系。个体学习一方面来自生活中的活动参与，即获取直接经验；另一方面更重要的学习方式是获取间接经验。直接经验是指个体经验，具有综合性、零散性、逻辑性不强、系统性弱等特点。间接经验通常是指人类社会所积累的知识，具有系统性、逻辑性、层次性、复杂性、抽象性、相对稳定性、分类性等特点。两种获得经验的方式有所区别，直接经验通常通过参与活动、感知、体验而获得；而间接经验更多通过高效率的传授（口头或书面）、反思而完成。间接经验的特点决定了其获取必然要具有阶段性、层次性，要循序渐进，以利于个体经验的连续发展。知识来源于直接经验，而与直接经验之间又存在着分化，两者之间的分化是教育目的和课程的基础。如果不对理论知识、学校知识与日常知识、非学校知识进行区分，学校知识也将和"信息"毫无区别（文雯等，2016）。另外，社会实在论也是社会建构主义的一种形式，只不过它认真对待外部世界的"实在性"以及作为这个世界一部分的知识的实在性。在教学过程中，弱化经验的重复应用，强调的是知识的习得。

社会实在论论述了知识对学习者发展的重要性，知识整合观则说明了知识习得的过程。教育要建立学习者已有经验与学科知识之间的联系，而学科知识不能生硬地插入个体已有经验体系之中。学习的过程不仅是单纯的知识数量的增加，更重要的是通过具体的学习思维活动构建自身的经验体系，丰富经验的内涵和意义，建立新旧经验之间的联系、重构已有经验之间的关系等。学习的核心是建构自身的知识体系，学习过程是学习者在已有的知识基础上进行建构，通过问题解决实现学科知识体系与个人已有知识体系的整合。个体知识和学科知识在反复的、相互强化的过程中交织在一起。学习过程产生新知识（内容），知识又能够影响未来的学习（Vera 等，2003）。知识应在学习者解决问题的过程中，根据学习者的需要提供，有助于学习者主动建立新旧知识之间的关联，实现知识与问题解决过程的整合。很多研究将知识整合作为创新和学习的重要成分（Kubiatko 等，2011），知识整合将领域知识融入情境特定的学习活动中。林和艾伦（2016）在科学课程的探究式学习中提出了知识整合的概念，并提出了四个一般性过程，这四个过程分别是析出观念、添加新观念、辨分观念、反思和梳理观念，它们有机结合，可以促进知识整合。析出观念是建模过程，学习者通过认知加工梳理已有认知结构，这个过程可能出现认知不平衡现象；添加新观念则是指为学习者提供新的信息，促进其在新旧信息之间建立关联；而辨分观念则体现了知识与已有认知结构的相互作用，结果是已有认知结构同化或顺应新的信息；反思和梳理观念则促进了新旧信息的有机融合，最终实现知识整合。在基于项目的学习中，析出观念是在问题表征阶段，当学习者用已有的图式表征问题时，则体现出了学习者对问题的认识以及需要增加的领域知识。加入新的观念是指针对学习者的认知冲突提供新信息。辨分观念过程表现了学习者的知识建构过程，详细解释了新旧知识是如何关联的。反思和梳理观念是经过元认知活动，新信息与已有信息重新组合，形成新的认知结构，具体表现为外显化的人工制品。有效的教学包括设计合理的教材体系，运用合适的教学方法，建立已有经验体系与学科知识之间的连接，使知识循序渐进地融入个体经验体系中。

以上各种理论对基于项目的在线协作学习的启示主要体现在学习目标的界定、学习的核心要素、学习的主要过程以及学习者在学习过程中的认知活动。学习的目标是促进学习者掌握领域核心概念与原理，提升专家技能；学习的核心要素是问题和人工制品，问题是学习的驱动因素，人工制品则体现了认知的结果和认知发展的过程；学习过程是问题解决的过程，在表征问题、生成与论证问题解决方案、实施方案和监督评价环节中体现析出观念、添加新观念、辨分观念、反思和梳理观念的知识整合过程（林和艾伦，2016）；学习过程中的同伴交互、反思和表征遵循了个体知识建构和群体知识发展的一般规律。下面对各个部分分别进行介绍。

二、基于项目的在线协作学习目标

基于项目的在线协作学习旨在使学习者获取需要的知识以解决出现在项目中的问题，从而实现有意义的学习，而非始终接受二手知识的被动学习者（Thomas，2000）。领域核心概念及原理的获得是学习的最终目标，具体表现为通过真实问题的解决获得专家技能。那么，什么是专家技能？专家技能具有哪些特点？

（一）什么是专家技能

1. 专家技能是认知图式中知识与思维能力的体现

布鲁姆将认知领域的教育目标分为记忆、理解、运用、分析、综合、评价六个层次，不同目标层次体现了学习者的心智活动所发生的不同认知水平。克拉斯沃尔（Krathwohl，2002）在布鲁姆的认知领域教育目标分类的基础上，提出了知识和认知两个维度的教育目标分类方法，他认为知识维度包括事实性知识、概念知识、程序性知识和元认知知识，认知维度包括记忆、理解、应用、分析、评价和创造。专家技能主要体现为问题解决能力、决策能力和批判性思维能力，表现为教育目标中的运用、分析、综合、评价层次，以及在此基础上的创造。专家技能具体表现为学习者解决问题所需要的认知图式或者在解决问题过程中形成的认知图式。认知图式是在解决多个类似问题的过程中形成的关于问题初始状态、目标状态和适合问题解决的操作模式，包括知识及其结构，同时也包括知识获取过程中所进行的分析、综合、比较、抽象、概括、判断和推理等思维过程。认知图式的形成和发展通过问题解决方式获得，学习者的认知图式是否形成或改变被认为是学习是否发生的评价标准，体现了学习者在学习过程中高阶认知活动是否发生及效果如何。基于项目的在线协作学习强调从以教师为主导的知识传授教学转向以学生为主导、在目标驱动下进行的独立探究、建构知识的学习（Bereiter 等，1989；Scardamalia 等，1991）。其目的在于使学习者通过问题解决的探究过程获得专家技能。学习者通过解决问题并制作人工制品的形式实现学习目标，这个过程突出了学习者对知识之间关系的理解和推理，以及在解决具体问题中的创造性应用。问题解决所形成的认知图式集成了问题所体现的领域核心知识和原理。由于问题具有丰富的情境性，因此知识之间的联系更加丰富和牢固。

专家技能在认知层面体现为认知图式的完善性，具体表现为知识组织的复杂性、情境性和逻辑性。学习者通过问题解决过程的认知加工活动获得认知图式，与此同时，已有认知图式也影响问题解决的进展，认知图式在应用过程中发展。在这个过程中，学习者一方面需要应用已有的领域知识解决问题；另一方面，要在解决问题的过程中整合新的知识，在分析、推理、抽象、概括等思维活动中实现概念的内化。为了使学习者获得复杂的认知技能，教学设计者的主要目标是确定有助于学习者发展心理模型的教学策略，并进一步促进其向专家的方向发展。这种发展需要学习者的因果推理，从而在给定的领域中形成概念发展。正是通过这种因果推理过程，学习者能够"做出预测、暗示、推论和解释，所有这些都是概念改变和解决问题所必需的"（Jonassen 和 Ionas，2008）。

学习是一个连续的不断深入的过程，在基于项目的在线学习过程中，作为学习目标的专家技能具有相对性和动态性。

（1）专家技能是相对的。对于处于学习阶段的学习者来说，教学旨在完善其认知图式，使其获得领域核心知识。领域核心知识的构建是一个螺旋上升的过程，难以通过一个教学活动或环节实现。因此，我们不能根据相关领域造诣很深的领域专家的知识结构作为学习的衡量标准。领域知识是一个组织良好的公共知识体系，在一次学习活动中，可能只围绕其中一个很小的知识点或概念展开教学。通过学习深入掌握该知识点可以达到学习目标，即针对该知识点的专家技能。

（2）专家技能是动态变化的。专家技能是一个动态发展的过程，学习者已经获得的专家技能体现为认知图式中知识点或概念的分化程度、知识点之间的关联程度以及在建构知识或概念之间的连接时所进行的思维活动。获得专家技能是基于项目的在线协作学习的目标，已经获得的专家技能是基于项目的在线协作学习的基础。

2. 专家技能在解决问题的过程中获得

专家技能在问题解决的复杂学习过程中获得。问题是认知冲突或不平衡状态的体现，问题解决体现为学习者通过同化和顺应的认知操作达到新的平衡状态，然而，并非所有的问题都有助于学习者专家技能的习得。问题有良构和劣构之分，对于良构问题，一般情况下具有比较客观的答案，学习者在解决问题的过程中所拥有的问题条件和限制信息较为丰富，答案比较唯一。劣构问题则表现为较强的开放性，有多种解决方法，对于拥有专家技能的学习者来说，通常能够顺畅提取已有知识，实现问题解决的自动化。对于新手学习者来说，则需要耗费更多的认知资源提取已有经验，获取新的信息。在学习过程中，学习者必须掌握核心知识和其他必要信息，从而能回答或解决这些问题，整个问题解决过程能够促进学习者更深层次的学习和持久性的理解。好的问题设计取决于学习者的已有认知图式发展水平和领域知识学习目标。那么，什么样的问题会造成学习者的认知冲突？如何通过问题促进学习者积极的认知活动？下面对基于项目的在线协作学习的问题及其设计进行阐述。

基于项目的在线协作学习的问题应是真实的、情境化的、有意义的、值得探究的,既要具有促进学生认知发展的价值,表现为解决问题所需要应用的领域核心概念与原理;同时,还要考虑学习者的已有经验和兴趣,表现为问题的真实性、情境化。在设计项目问题时,首先,应考虑问题解决是否能促使学习者建立已有认知图式与所需掌握的核心概念和原理之间的关联;其次,应确保问题具有一定的挑战性。

(1)问题设计依据:领域知识与学习者已有经验。

领域知识体系是学习问题设计的重要参考,通常表现为课程内容体系。课程内容体现了领域知识的一个相对独立的、完整的、系统的子集,问题应为课程范围内的核心概念或"大观点"。这里强调聚焦核心概念,一方面,突出了知识的价值;另一方面,是为了控制知识的粒度。因为强调知识广度的课程会妨碍知识的有效组织,人们没有足够的时间把每样事情研究透彻。因此所设计的问题应能够分解为一系列的子问题,通过子问题的解决整合更具体的情境和子概念。在设计问题时,不仅要考虑领域知识体系,还要考虑学习者的已有概念体系。教学能使学生了解专家组织和解决问题的模式,模式的复杂程度必须符合学习者目前知识和技能的掌握程度(布兰思福特等,2013)。课程学习者一般情况下具有比较相近的知识基础,但也存在个体差异性。学习者的已有准备会影响到其对问题的表征。从整体上来说,学习者应能基于已有的经验与问题建立关联,只有当其已有准备与学习目标的领域知识之间的差距形成学习者的最近发展区时,才有利于其进行知识的意义建构。具体问题通常围绕领域核心概念而设计,在解决问题的过程中,整合领域核心概念,使概念在运用的过程中整合到学习者的认知图式中。

(2)问题应能够促进学习者积极的认知加工活动。

基于项目的在线协作学习通过问题解决提升专家技能,然而,解决问题未必都能够促进深层的认知加工活动。一是问题的性质及其与学习者的基础之间的关系决定了学习者在解决问题的过程中所投入的认知资源。如对于学习者比较熟悉的问题,其在解决问题的过程中能够达到自动化的程度,所需要的认知资源很少,很少出现认知的顺应操作。二是学习者的知识组织方式是否具有对新情境的适应性。换句话说,专家被分为两种类型:"工匠型专家"与"艺术大师型专家"(Miller,

1978)。工匠型专家具有较熟练的技能，能够自动鉴别顾客所提需求，接受顾客所提出的问题和限制。对于新问题的处理，往往将其视为运用已有的专业知识更有效地完成同类任务，即同样经验的反复应用。相反，艺术大师型专家则具有高创造力，将顾客所提出的要求视为"设计探究的起点"（Miller，1978），他们不仅应用已经掌握的专业知识去解决给出的问题，而且还要考虑新呈现的问题是否得到了最佳的处理，运用元认知不断挑战和超越现有专业知识，探究和拓展已有知识水平。此类专家突破对问题情景最初的、过于简单的理解的局限，质疑自己知识的相关性，具有适应性专业知识（Hatanon 和 Ignaki，1986）。适应性专业知识的概念为成功的学习提供了一个重要的模式。适应性专家能够弹性处理新情境并成为终身学习者，是专家创造力的重要表现，也体现了专家技能的动态发展的特点。

3. 专家技能体现为知识的迁移能力

学习是原有经验的迁移过程，从学校向日常环境迁移是学校学习的最终目的。迁移是以人们带到学习情境中的知识为基础的。人们应用自己所掌握的知识去建构新的理解（布兰思福特等，2013），在基于项目的在线协作学习过程中，强调学习者通过制作与完善人工制品的过程解决真实情境中的问题，实现知识学习向真实社会环境的迁移。同一个领域的核心概念是否能够用于解决不同情境中的问题，在一个或几个情境中解决问题所获得的知识能否应用于多个类似的情境是检验学习效果的重要指标，即"举一反三"。

基于项目的在线协作学习的人工制品是真实问题解决的表现形式，具有丰富的情境性。学习者在制作与完善人工制品的过程中，整合新的知识，同时也将知识应用到具体实践中。当学习者在新情境中完成的人工制品越来越完善，所需要的认知活动越来越少时，则说明在此类情境所体现的知识点上，学习者已经具备了专家技能。例如学习者需要完成一份建筑设计图纸，学习者对该类建筑的已有经验构成了图纸设计的基础，初始建模更多的是学习者已有认知图式的运用。学习者的已有经验会影响到模型的丰富性和精确度，学习者经验越丰富，其所构建的模型越精确。由于学习者具有新手特点，已有经验中关于建筑的模型往往是一个相对较模糊的框架。在建筑图纸的设计过程中，如何使建筑更加牢固？如何使建筑的外形美观？如何使建筑的整体造型和局部设计体现文化特点？这些问题往往需要新领域知识的支撑；同时，还需要学习者进行创造性的发挥。在这个过程中，学习者需要结合建筑设计方面的知识修改、完善已有模型，根据力学原理设计建筑各构成部分之间的位置、角度，基于美学原理、文化背景知识构建模型的整体结构。图纸设计的每个方面的问题都是学习者整合领域知识的过程，对每个细节问题的思考都将涉及多种思维活动，都有可能促进领域知识的迁移与整合，最终体现在图纸的修改完善中。那么，通过一份图纸的设计，学习者就能够习得领域的系统知识吗？答案是否定的。任务间的迁移与任务所具有的共同要素的多寡相关（布兰思福特等，2013）。一方面，一个活动中的问题所能反映出的领域知识是有限的，设计良好的问题，可以促进领域知识整合的广度和深度，并且突出核心知识。另一方面，一个问题所展现的情境具有局限性，仅在单一的情境中获得的知识与在多样化情境中学到的知识相比，更不利于知识的弹性迁移。多样化情境则更有助于学习的迁移，通过多种情境问题的设计，学习者能够从多个层面、多个角度整合领域知识，在多种情境中应用过的知识更牢固，体现在认知图式中，该知识所经过的思维过程更多，与其他知识之间的连接更丰富。在多样化的情境中，学习者更有可能抽象出概念的相关特征，发展更加弹性的知识表征。问题的抽象表征和多种问题情境的对比能帮助学习者掌握新知识的应用条件（布兰思福特等，2013）。

（二）专家与新手学习者的区别

所谓专家，是指在特定领域中具有专业知识的人。专家掌握了领域核心知识，具有宽厚的知识体系，不仅体现在知识的量上，更重要的是知识之间的关系以及在知识获取过程中所进行的辨别、分析、推理等思维过程。新手学习者则被定义为那些以前没有接触过教学目标中定义的知识或技能的人（Darabi 等，2010）。专家与新手学习者的区别不仅体现在一般能力（如记忆能力或智力）和一般策略应用方面，还体现在知识的组织方式、知识的条件化、信息识别模式、知识提取方式和问题解决策略等方面。

1. 专家的知识组织方式更为复杂、严密

专家拥有大量的以深度理解学科主题的方式组织的内容知识。专家的知识不

是对相关领域的事实和公式的罗列，而是围绕领域核心概念或"大观点"组织（布兰思福特等，2013）。知识之间具有复杂的逻辑关系。如果将知识体系比喻为具有复杂层级的网状结构，那么专家的知识体系中的结点不仅数量大，结点之间的联系也更为复杂，那些与其他知识点联系较为频繁、密切、牢固的知识点往往是领域的核心概念。核心概念及其所属知识体系体现了获得概念过程中的思维过程，如分析、综合、抽象、推理等。专家的知识获取经过了积极的认知加工过程，通常表现为一系列复杂的认知同化和顺应过程。同时，专家具有对观点和分析方法加以结合和比较的复杂性方法。因此，专家技能体现为策略性知识。知识体系越复杂，其所具有的"能量"越大，反映了专家对学科理解的深度。专家所具有的复杂知识结构使得其能够有效地思考该领域的问题，洞察思维和问题解决的本质。对于新手学习者，常常有一个需要加以集合的观念库，在知识整合的过程中，往往缺乏复杂想法（林和艾伦，2016），难以在观点之间建立复杂的连接。

2. 专家的知识是条件化知识

专家所拥有的知识通常是条件化知识，蕴含着丰富的情境和问题解决策略，包括对有用的情境的具体要求（Simon，1980；Glaser，1992）。专家技能在解决问题的过程中习得。知识的形成基于真实的、丰富的问题情境，专家的认知图式中的知识是在多种情境的运用中提炼出来的。其所拥有的知识受一系列环境的制约，反映了丰富的应用情境。在遇到真实情境中的问题时，专家能够毫不费力地从自己的知识体系中灵活地提取重要内容，生成解决问题的策略。对于新手学习者来说，所拥有的更多的是一些孤立的事实或命题，属于非条件化知识。非条件化知识具有"惰性"，尽管知识之间存在关联，但未被激活（Whitehead，1929）。如"学生可以解决一大堆习题，但不能把知识条件化，因为他们知道这些问题出自何章，故能自动应用这些信息去取舍相关的概念和规则。有时，那些认为自己的作业做得很好且相信自己是在学习的学生，在面对测试中随机呈现的、无具体出处而是从整门课中提取的问题时，会感到十分愕然"（Bransford，1979），原因在于他们缺乏对真实情境中问题的思考，知识获得过程缺乏复杂的认知活动，在面对真实问题时，难以将问题情境与所获得的知识建立连接，即发生了提取困难。

当面临问题情境或做决定时，专家能够利用先前建构的图式和信息中的丰富资源做出更合适的决定。相比之下，在给定的情境中，新手学习者能够产生的解释和可能的替代解决方案更少（Sparks–Langer，1990），即专家的知识结构的分化程度比新手学习者高，专家思考和解决问题的能力很大程度上依靠丰富的学科主体知识。对于一种现象，专家有更具体、更细节化的知识分析，对领域关键概念掌握得更为精确和深入，而新手学习者的知识则显得比较笼统，往往难以发现现象背后更深层次的问题。

3. 专家与新手的信息识别模式不同

专家与新手在认知图式上的差异影响其对信息的识别。个体对信息的理解因认知图式的不同而呈现出差异，认知图式中的知识及其组织方式影响个体注意、组织、呈现和解释环境中的信息。反过来，这些又影响他们记忆、推理和解决问题的能力。专家认知图式的心智网络比新手的复杂。比起新手，专家知识涉及有组织的概念结构或图式，这些结构或图式说明问题的表征和理解的方式（Glaser 和 Chi，1998）。专家的认知图式网络包括更多的类别、更详细的细节，相互之间的连接性更丰富。对于同样的信息专家和新手有不同的感知和理解。专家能识别新手注意不到的信息特征和有意义的信息模式，如专家医生能够根据病人细微的症状准确判断其病因所在，并提供有针对性的治疗方案。举例来说，头痛的病因有可能是胃部引起，治疗措施是消除胃部病症，而新手医生则有可能采用"头痛医头、脚痛医脚"的方式。原因在于专家医生拥有更多的病症信息与解决策略的图式。作为新手学习者，在面对不熟悉的问题解决任务时，会对问题空间产生零碎的先入为主的概念，其中的要素可能包括目标状态、初始状态、操作、约束或关于使用哪个操作的控制知识（Newell，1994）。新手学习者在最初引入一个复杂的问题来解决时，会根据这种零碎的结构来执行（Darabi，2010）。

4. 专家能够顺畅地提取知识

认知图式影响个体对外部信息的解释。在个体与情境互动的过程中，情境中的信息激发个体提取认知图式中的相关知识，认知图式的复杂度和精细化程度直接影响到个体所提取信息的丰富性和精确性，体现在提取信息的顺畅程度方面。人们提取相关知识的能力差异表现为"费力""相对不费力"（顺畅）和"自动化"

三个层面（Schneider 和 Shiffrin，1977）。自动化和顺畅提取是专家提取知识的重要特征。顺畅提取并不意味着专家总是比新手更快地完成一项任务，因为专家试图理解问题而非立即跳到解决问题的策略上，这常常涉及核心概念或大观点的思维方式。他们有时耗时要比新手多（如 Gezels 和 Csikizentmihalyi，1976）。但是，问题解决的整个过程对专家来说是从顺畅到自动化的过程。顺畅提取的认知活动很少需要意识的参与。由于人一次所关注的信息容量有限（Miller，1956），如果在处理任务的某些方面能够驾轻就熟，那么其便能腾出更多的精力来关注任务的其他方面（Laberge 和 Samuels，1974；Schneider 和 Shiffrin，1985；Anderson，1981，1982；Lesgold 等，1988）。学习的一个重要方面是顺畅地识别特定领域的问题类型。为了能在需要时提取，知识必须"条件化"，否则它便是惰性的（Whitehead，1929）。新手的知识极少数是按大观点来组织的，他们更有可能通过自己的日常直觉寻找正确的公式和贴切的答案。这种费力地提取知识的过程需要学习者的意识参与，将精力耗在记忆而非学习上（布兰思福特等，2013）。从而增加了学习过程中的无关认知负荷。

5. 专家能够从更高的层次生成问题解决策略

Sweller（1988）认为，专家和新手在对问题状态参数的记忆、所用的问题解决策略和问题分类所使用的特征三个方面有区别。专家的记忆块大于新手的，能够毫不费力地从自己的知识中灵活地提取与任务相关的信息，而非对自己所知道的一切都搜个遍，这会超出其工作记忆的限度（Miller，1956）。专家的推理和解决问题能力取决于组织良好的知识，有关新手和专家教师的研究表明，有知识的个体更能够使用他们所学知识解决新的问题（Bransford 等，1999）。在解决问题的过程中，专家所使用的策略较为直接，省去了在长时记忆中检索策略、探索策略所带来的认知负荷，并且能够更游刃有余地管理问题解决过程。专家在面对问题时，能够基于已有的认知图式对问题进行表征，识别问题的条件和限制，形成问题空间，遵循从未知到已知的方向解决问题。尤其是在面对复杂的劣构问题时，专家能够基于已有的知识对问题进行表征，识别问题的关键所在，如专家医生在诊断复杂的病症时，能够运用已有知识解释问题，较准确地识别问题的条件、限制等因素，缩小问题空间，聚焦问题核心与关键。专家拥有更丰富的条件化知识，比新手更有可能识别出有意义的信息模式,可以在"更高的层面"上开始解决问题(Degroot,1965)。因为专家拥有类似问题的多种具体例子,基于先前的经验能够精确地识别问题状态参数,采用合适的策略立即行动;而新手则通常使用较为通用的问题解决策略。根据 Kalyuga 等(2001)的研究,新手学习者在解决问题时通常依赖于"手段—目的"策略,从目标状态推出子目标,直至获得未知数,然后再开始工作,这种策略会带来沉重的认知负担。学习者必须"同时考虑当前的问题状态、目标状态、当前状态和目标状态之间的差异、相关操作和任何已建立的子目标"。在对问题进行分类时,专家通常根据问题解决模式对问题进行分组,而新手则容易根据问题的表面结构对问题进行分组。

三、基于项目的在线协作学习的核心要素

基于项目的在线协作学习的两个核心要素是问题和人工制品(Blumenfeld 等,1991),这两个要素分别体现了学习的起点和终点。问题是基于项目的在线协作学习的起点和学习的驱动因素,人工制品是认知活动的工具和认知结果的外化,展现了认知活动的过程和结果。问题的解决是以人工制品的完成为标志的。

(一)问题

问题是学习需要的来源和学习活动持续进行的驱动力。首先,问题是认知上的不平衡状态在宏观层面的体现,提出问题本身就是一个学习的过程,学习者在对已有认知图式的反思过程中发现认知冲突,形成学习需要。其次,问题维持学习者的注意,使其持续聚焦于要解决的问题,注意重要事项(Barron 等,1998)。认知冲突所带来的认知不平衡驱动学习者进入认知同化或顺应活动。如检索信息、建立已有知识与新信息之间的关联,使新知识在原有经验的基础上"生长"起来,形成新的认知图式;或者调动知识之间的逻辑关系,发展已有认知图式。问题解决体现了学习者积极的思维活动过程和结果。一方面,在应用知识解决问题的过程中,学习者将发现自己所简单接受的知识与能够运用并发挥实效的知识之间存在着差距。这种差距感将进一步促进和刺激他们对已学的知识概念进行重构和反思,从而加强对知识的深度理解和领会,使呆滞的惰性知识转化为内化的活性知识,同时也进一步理解新知,促进思维发展和能力提升。在某种程度上,

问题成为选择知识、检验思维、发展能力的依据和途径（胡小勇，2006）。另一方面，问题促进学习者的知识与思维能力协同发展。问题解决代表一个由各种认知技能和行动所组成的复杂智力活动的完成。

基于项目的在线协作学习是一个通过问题解决实现知识技能获取与迁移的过程，学生必须掌握核心知识和其他必要信息，从而能回答或解决这些问题。整个过程能够促进学生更深层次的学习和持久的理解。其所呈现的问题通常具有丰富的情境性、真实性和开放性。问题的情境性和真实性有助于学习的发生和迁移。促进学习的一个关键要素是让学生在一个体现了知识未来多种应用的环境中完成任务和解决问题（Collins 等，1988）。以问题解决为出发点的学习是有意义的学习。因为意义的形成最可能发生的情况是植入一些真实任务，促使学习者进行积极的认知活动从而引起概念的转变。在真实的境脉中获取的知识实现了与已有经验体系的融合，保持得更持久，更具有可迁移性。通过问题解决过程中的经验与知识之间的关联及策略的生成与应用建立并完善认知图式，每个问题解决过程都将使领域知识的一部分融入认识图式中，多个类似问题的解决所运用的知识的综合促使学习者深化领域知识所涉及的概念、关系和规则，使以问题解决为目的所运用的领域知识内化到学习者的认知图式中。根据需要整合所需要的信息，形成信息之间的聚合，使知识能够以一定的图式的形式存在，具有丰富的情境和意义，从而实现了理解，最大限度地指向了掌握学习。另外，问题解决使学习者获得生成假设，使用探究策略，形成问题，评价信息和做出合适的决定等重要技能（Schmidt，1989）。基于项目的在线协作学习中问题所具有的开放性（或劣构性），对学习者形成了挑战，有利于激发学习者探究的动机，使其聚焦于解决问题或完成任务，从而掌握学科内容，相对于仅完成分配的工作，以解决问题为目标的学习更能促进学习者的认知活动。

（二）人工制品

认知分布于社会维度和物质维度，社会维度的认知分布于社会环境中的其他个体身上，物质维度的认知隐藏在各种心理制品和实体制品的集合中（Karasavvidis，2002）。同时，认知分布于空间和时间维度，对于空间维度的分布比较容易理解，是认知分布在不同位置的个体或物品之中。对于认知分布的时间维度,则体现为承载认知的物品在时间进程中所发生的改变,具有观念性和物质性两方面的特征。所谓物质性特征,是指承载认知的物品是在人类有目的的历史进程中被创造的;而观念性特征,则体现为承载认知的物品在一定跨度的历史进程与不同时期社会文化因素之交互作用。人工制品承载着认知和运算任务,在支持人的智能方面,人工制品对任务进行了转换,使之更明显和易于解决,是表征和表征状态之转换不可或缺的重要组成部分。在一个协作的共同体中,人工制品具有与人类参与者同等重要的地位(任剑锋,李克东,2004)。

在基于项目的在线协作学习中,人工制品是学习者思维建模的工具和载体,用于聚焦和引导探究(Laffey 等,1998)。建模是学习的基础和高级思维的本质(Norman,1993)。在建模的过程中,学习者内部的概念、关系、逻辑等已有观念得以析出。人工制品是学习者个体和群体针对所面临的问题建立的智力模型的外化,是一种具体的应用,是对内部模型的检验,体现了学习者在某一主题方面认知结构的逻辑性、准确性、完整性。人工制品的制作需要大量的认知过程,包括深入加工和反思性思维,体现了学习者对概念及其之间关系的认识和知识应用过程的理解,外化的模型使得内部思维过程更加精确化、具体化。学习者在建构人工制品活动时吸收新的信息,将其整合到已有认知体系中,而当所面对的信息不适合他们当前的观念框架时则会重构理解。人工制品作为内部模型的外化,独立于理论与世界,成为研究的工具或手段(Morrison 和 Morgan,1999)。通过建构、操作、检验自己创建的模型,学习者可以学到更多(乔纳森,2008)。作为个体或集体建构的结果,一方面,人工制品是其他学习者的认知工具,为他人发现学习者认知上的误区和缺陷提供载体。另一方面,人工制品为个体反思提供了对象,有助于学习者认识自我的不足之处并发现改进的途径。通过人工制品反思并根据其他人给出的反馈来修改自己的理解(Barab 和 Dodge,2012)。

基于项目的在线协作学习的人工制品具有社会性和虚拟性的特点。其社会性体现为学习成果面向公众,是对其所解决的真实情境中问题的回应。其虚拟性体现制品形态的数字化。基于项目的在线协作学习是在虚拟空间中进行的学习活动,学习者所操作的认知工具和结果均以数字化的形式存在。人工制品作为认知活动的工具和认知结果的载体,同样表现出虚拟性和数字化的特点。

四、基于项目的在线协作学习过程

基于项目的在线协作学习是问题解决的过程。其问题通常是劣构的，难以通过认知图式驱动解决。问题解决在微观认知层面体现为同化与顺应过程，包括操作问题空间时的一些认知和社会活动，如建模、生成假设、反思、测试解决方案、收集信息等（乔纳森，2007）。在宏观层面体现为分析问题、提出假设、检索信息、推理、测试假设等探究活动，可以分为问题表征、解决方案生成与论证、解决方案实施、监测与评价等环节（Voss 和 Post，1988；Ge 和 Land，2003）。问题解决的各个环节之间并非是线性的，而是存在交叉、反复的，其中监督与评价贯穿问题解决的全过程，如图 1-2 所示。

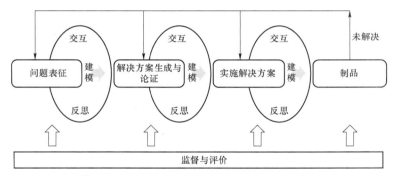

图 1-2　基于项目的在线协作学习问题解决环节（李梅，2017）

（一）问题表征

问题表征是问题解决者个人或共同体建构的问题空间（Newell 和 Simon，1972）。问题表征通过选择和映射问题的特殊关系来完成内在建构（Mcguinness，1986）。学习者根据问题情境建立问题与已有认知图式之间的关联，再利用认知图式中已有的领域知识结构构建问题空间，识别问题所体现的领域核心知识及其相互之间的关系，析出问题的关键点。问题空间的内部表征能够：①引导学习者对问题信息的深度解释。对问题的解释必然会激活认知图式中相关知识体系的情境并与真实问题情境建立连接。这种连接建立得越充分，问题情境所关联的领域知识点越多，其相互之间的关系则越明朗，学习者对问题的解释也越深入。②基于系统特点方面的知识模拟系统的行为。③整合并激发一个特定的解决方案的图式（Savelsbergh 和 De Jong，1998）。在解决问题或回答一个复杂的概念问题时，学习者必须首先针对现象建立起一个智力模型，并以该模型作为预测、推理、思考、实验的基础。④提高学习者的迁移能力。教学过程中帮助学习者在更一般、更抽象的层面表征解决问题的策略，能增加正向迁移的可能性，减少先前解决问题策略应用不当（负向迁移）的影响。受过具体任务要素训练而没有触及问题原理的学习者能够很好地完成具体任务，但无法把学到的知识应用到新的问题上。相反，接受抽象训练的学习者可以将知识迁移到表示类比数学关系的新问题上。研究也表明，建立一套问题的表征使学习者能够弹性思考复杂的领域（Spiro 等，1991）。

  在基于项目的在线协作学习中，由于学习者面临的通常是不熟悉的问题解决任务，学习者会对问题空间产生零碎的先入为主的概念，其中的要素可能包括目标状态、初始状态、操作、约束或关于使用哪个操作的控制知识（Newell，1994）。基于所呈现的元素，学习者再来构建情境和潜在解决路径的心理模型，然后从它们的图式中为相似的问题空间绘制联想模式（Seel，2001），也即问题表征。常用的问题表征策略有两种：直接转换策略（Direct Translation Strategy）和问题模型策略（Problem–Model Strategy）（Sternberg 等，1996）。在问题表征阶段，学习者分析问题的目标、条件、限制等，抽取给定的信息和目标信息，尝试"理解"问题（Greeno，1978），形成整合的表征，即建立问题与已有经验之间的关联，先前的经验激活了学习者认知图式中所存储的领域知识子集。真实问题情境更易于与已有认知图式中知识的相关情境建立连接，这种连接能够激活情境所附属的知识及其之间的关系，进而提取认知图式中的已有图式解释问题、建构问题、巩固问题的条件信息，析出问题的限制，明确问题的症结，形成需要通过学习来解决的问题关键点。这些点体现为已有经验与问题情境连接的断裂处或者已有连接的薄弱点，需要新的信息加入形成新的连接，或者通过已有认知结果的调整形成新的连接。例如，学习者需要制作一把椅子的模型，学习者利用已有经验能够建构椅子的大致结构，但是椅子的细节之处如何设计才能够满足人体力学原理？这个问题则需要学习者对人体结构和力学知识进行补充。

（二）解决方案生成与论证

通过问题表征环节，学习者基于问题的情境、条件分析问题，用已有知识经验体系解释并重构问题，用外化的解释生成解决方案。先前的知识或经验与问题情境的相互作用构建了问题模型，对于学习者生成解决方案具有较大的影响。基于项目的在线协作学习所呈现的问题通常具有劣构性，难以通过图式驱动予以解决，问题的解决方案具有开放性、非唯一性。认知图式的专业化程度影响着问题的开放性程度。当学习者具有专业程度较高的认知图式时，在问题情境与已有知识的情境之间建立的连接更为丰富，问题的不确定性程度被降低，生成的问题解决方案具有较大的可行性。如果说问题表征阶段是医生根据病人症状，利用经验判断病情的过程，此时解决方案的生成与论证则是形成诊疗方案并论证的过程。当问题过于复杂，而学习者的经验体系无法解释时，问题解决回到初始阶段，就需要提炼问题或使用其他的方法解决问题。在这种情况下，生成的问题解决方案通常具有不确定性、开放性。问题解决方案在微观层面体现为学习者认知图式中特定领域知识概念的建构方案，方案的形成需要明确两个问题，一是要建构什么内容，二是如何建构。当学习者的认知图式无法确定地解释问题中的情境时，所形成的解决方案也相对较多，问题解决方案的不确定性也随之增大，学习者用特定的因素和限制评价整体解决方案的质量。对问题解决方案进行论证，学习者能够更加全面地认识其可行性、有效性、风险性等，从而选出最佳问题解决方案。

（三）实施解决方案

实施解决方案是将预定的解决方案付诸实施的过程。在基于项目的在线协作学习中，实施解决方案体现为学习者协作完成人工制品的制作，包括设计、制作、评价、完善制品等环节。人工制品的制作需要学习者获取新的领域知识并对其进行认知加工，使其以恰当的方式融入已有认知图式中，实现学习者认知图式的改造。基于项目的在线协作学习通常是以小组协作的方式进行的，人工制品不仅体现了小组成员个体的知识建构，同时也是小组成员集体认知建模结果的外化，是分布式知识的集成过程。在这个过程中，个体之间不断交互，修改各自的认知图式，以利于达成共识。

根据项目大小和复杂度的不同，人工制品制作的难度也有所差异。人工制品的实现本身就是一个持续的认知建模与外化的过程。学习者通过交互提出各自对人工制品设计的理解，经过协商达成一致。对于制作过程中的人工制品，学习者可以将其作为一个模型，与个体内部认知模型进行比较，即通过反思发现存在的问题，提出改进意见对人工制品进行完善，或者学习者之间通过协商形成修改意见，反馈到人工制品的制作中。总之，建模是一个持续的过程，具体的制品为学习者交互和反思提供了对象，学习者以人工制品为参照，反思自己的知识建构，形成修改意见，通过交互协商，进一步将其外化到人工制品中。

（四）监督与评价

监督与评价问题解决过程及成效是驱动问题解决持续改进的重要手段。监督与评价贯穿于整个问题解决过程中，起到组织调解认知活动的作用，需要学习者的元认知参与，如学科领域推理策略、一般元认知策略等。在基于项目的学习过程中，监督评价体现为：①学习者寻找证据评价解决方案和替代方案。基于项目的在线协作学习中的问题解决方案并非唯一的、确定的，当学习者生成解决方案后，需要对方案的可行性、适切性等进行论证，也即将方案重新放回问题情境，判断其是否能够消除问题情境中的不确定状态。在认知层面体现为解决方案的加入是否能够消除认知上的冲突，形成新的认知平衡状态。②对问题解决过程中思维活动和建模外化物进行评价与反思。对问题解决过程中思维活动的反思是一种元认知活动，体现为对分析、对比、推理、抽象等过程的检验，通过新的矛盾点驱动思维过程重复进行。如果对个体思维活动过程的评价与反思是从时间维度反思思维建模的结果，那么对建模外化物即人工制品的评价和反思则是从空间维度对个体和群体认知结果的重新认识。在评价和反思的过程中发现思维外化物的不完善之处，形成新的问题或冲突，驱动认知过程持续深入地进行。通过帮助学习者在习得内容知识的情境中了解自己的元认知的教学方法能够增进迁移（布兰思福特等，2013）。③对问题解决各个环节的组织安排以及对各个探究活动空间及其之间关系的安排的反思，是对更高层次、更具有一般性的解决问题过程的组织与协调活动的思考，问题解决过程的组织与协调是在经历多种问题解决的过程中形成的。专家的一个特点是能够监控和调整自己的理解过程，使他们不断学习以适应专业知识（布兰思福特等，2013），而对于新手学习者来说，这方面的能力通常比较欠缺。

五、基于项目的在线协作学习的认知活动

"学"的本意是模仿，"习"的本意是反复练习。学习即从环境中获取知识和技能并不断练习的过程，"学"与"习"相互作用。因此，知识和技能的获得与应用是辩证统一的，而没有先后之分。从认知学的视角，学习是知识获取、内部加工和外化的过程。基于项目的在线协作学习通常由小组成员协作共同完成。该过程由同伴交互、个体反思与建模三类认知活动构成，三者之间的相互作用实现了个体建构与群体建构之间的相互转换（图1-3），以及学习者内部认知活动与外部人工制品的转化。

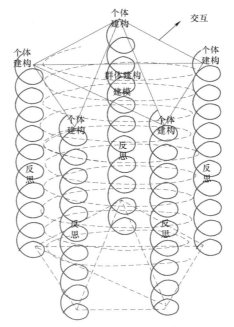

图1-3　探究活动与认知建构（李梅，2017）

（一）同伴交互

维果茨基的心理发展历史文化理论强调人所特有的心理机能不是从内部自

发产生的，最初必须在外部的协同活动和人际交往活动中形成，随后才转移至内部，内化为人的内部心理过程。因此，学习最先发生在社会层面，然后才发生在个体层面。学习者只有通过与其所处环境中的人交互，才能够唤醒多种内部发展过程（Vygotsky，1978）。分布式认知理论认为认知或知识可分布于社会成员之间，社会成员之间的交互有助于知识的传递。同伴交互对于支持认知和元认知是有效的。一方面，同伴互助能够提供教师模型，同伴的表现为学习者提供模仿的对象。另一方面，同伴交互是一种表达过程，通过表达缄默知识得以外显化，从特定的情境知识转换为一般化知识。同时，在同伴的反馈中发现他人关于同一观点的看法及面临的困难（Collins，1989）。当学习者相互之间给出解释和提问时，学习则得到强化（Webb，1982；Webb，1989）。在解释过程中学习者能够澄清概念、重组思考，对材料重新概念化。同伴提问使学生参与到更多的问题解决和知识建构的解释和推理中（King，1991；King 和 Rosenshine，1993）。

  在基于项目的在线协作学习中，学习者通过在线讨论，分享和对比知识，参与讨论和辩论，生成人工制品。人工制品是学习者小组成员认知建构结果的体现，同伴交互是实现学习者个体建构与群体建构转换的途径。个体成员的认知建构是小组建构的基础，小组建构是个体建构的参照。通过共同建构的结果——人工制品的中介作用，小组成员修正自己的理解；个体的认知结果通过同伴交互进行协商，达成一致后贡献于小组建构的结果，再以人工制品的形式表现出小组建构的多元性与一致性。因此，在基于项目的在线协作学习过程中，学习者在问题表征阶段较多地呈现各自的不同观点，通过同伴交互，可以逐步形成较为统一的问题解决方案，经过协商讨论，不断修改并完善人工制品，直至达成共识。意义建构和知识生成过程呈现漏斗状，如图 1-4 所示。在问题表征阶段，采用头脑风暴的协作活动设计，集思广益，尊重和鼓励认知多样性，鼓励不同思想的创造；在解决方案生成与论证阶段，经过第一阶段的头脑风暴，学习者之间逐渐达成一些共识，通过交互协商生成群体认可的问题解决方案；在实施阶段，通过同伴交互、学习者与人工制品交互以及互评等活动，进一步提炼、修正，以获得更高层次的认知。

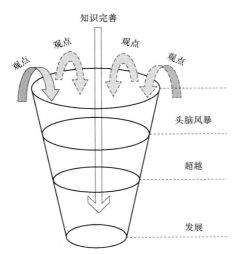

图1-4 知识生成与发展的漏斗模型（Wen，2019）

因此，基于项目的在线协作学习的过程是一个通过同伴交互生成知识的过程，从多多益善到集思广益，再到精益求精。同伴交互在不同群体层面进行，既有小组层面的头脑风暴，也有班级层面的组间互评。

（二）个体反思

为了使学习者获得学习和理解的洞察力，经常性的反馈至关重要：学习者需要监控自己的学习，主动评估其策略和目前的理解水平（布兰思福特等，2013）。引发建构的因素是认知上的不平衡，消除认知不平衡在微观层面表现为同化和顺应的心理操作，在宏观层面表现为反思（杨开城，2010）。反思既是一种思维方式，也是一种元认知过程（王陆，2012）。在反思活动中，学习者回顾并分析自己的表现，比较自己与他人（同伴或专家）的表现（Collins，1989）。通过反思实现建构，不在反思的基础上形成的"接受"并不意味着建构，而是知识的机械堆积或死记硬背。在反思过程中进行的思辨和检验显著地促进了领域知识整合（Bandura，1986），也促使学习者对认知活动过程进行审视，改进学习策略。

在基于项目的在线协作学习中，反思主要体现在问题解决过程中的评价和监测。评价是对学习过程中一系列产出的评判，如笔记、方案、人工制品等，也可以是一些不成熟的想法。监测是对学习过程的一种评价，属于元认知。

（三）建模

学习者通过建模和使用模型进行学习（乔纳森，2008）。仅仅观察一个模型并模仿属于间接学习（Bandura，1986），而通过建构模型并操控它，则可以学到更多（乔纳森，2008）。建模是概念性参与最强的认知过程之一，要求学习者明确地表达因果推理，同时为认知提供支持，包括检验假设、猜想、推理等重要认知技能。建模包括对真实世界建模和对专家解决问题过程的模拟，使策略和细节可视化（Collins，1989）。在建模过程中，学习者找出合适的元素以呈现理论或现实，或将两者同时呈现。学习过程即存在于建模所进行的特定选择中。基于项目的学习的建模包括领域知识建模、问题建模和思维建模。领域知识建模是对领域知识及其结构进行建模。问题建模是为问题构建一个思维空间，即由精心选择的问题要素及其相互关系组成的思维模型（Mcguinness，1986）。思维建模是学习者对自己的学习过程进行反省，然后再对他们在解决问题、做出决定或完成某项任务时所使用的思维类型进行建模（乔纳森，2008）。模型工具帮助学习者超越自己的思维局限——包括记忆、思维或问题解决方面的局限（Pea，1985）。

（四）交互、反思与建模的关系

"学"的模仿性也体现了其社会交互性，社会交互为学习者提供了学习需求，同时为学习者提供学习内容和方法。"习"的本质是实践，也即将所学的内容内化后以自我所理解的方式表达出来，体现为思维建模的外化。在基于项目的在线协作学习中，同伴交互、个体反思和建模交织在一起，相互促进。首先，同伴交互会为学习者提供模仿的机会，也会为学习者反思提供参照，帮助他们注意到可能忽视的新内容，有助于学习者考虑观点的每个方面和基于推理与证据做出最佳选择（Jonassen，1997）。通过同伴交互个体建构转化为群体建构。其次，反思是一种思维的内部建模，在同伴交互与建模外化之间起到了关键作用。通过个体反思群体建构内化为个体建构。同伴交互经过反思得以内化，达到了对所学内容的理解。最后，建模是同伴交互和个体反思相互作用的结果，外化为人工制品，而人工制品的制作是一个反馈与修改的过程，大多数学习者的第一次尝试通常得不到高质量的结果，修改是时常发生的环节（Larmer 和 Mergendoller，2010）。通过同伴交互和个体反思发现制品的缺陷和不足，建模的改变又反馈到人工制品中，从而实现认知建构的不断完善与发展。人工制品则是群体建构结果的体现，同时也是学习者进行反思与交互的"锚"。

问题解决的各个环节均需要学习者的交互、反思和建模活动。在问题表征阶段，同伴能够带来认识问题的多种视角，积极的同伴交互能够通过提问、回答和反馈促进学习者的认知活动，使得更多的因素和限制被识别（Ge 和 Land，2003），以便形成对问题更为全面、深入、完整的表征。同伴对同一问题的表征能够供他人模仿、反思，通过反思学习者长时记忆中的信息与外部环境中的信息建立关联、反复相互作用、析出观念，实现认知建模和外化，形成对问题更准确的描述。在生成解决方案的过程中，同伴交互产生的不同观点有助于对问题解决方案的论证，对论证结果的反思促进新观点的产生，从而实现对问题解决方案的可行性、有效性、风险性更为深入的认识，有助于选择最佳的问题解决方案。在问题解决方案实施阶段，同伴交互更容易产生问题及对问题的深入讨论。若没有问题提示，学习者很少有意地评价所选解决方案的优劣、反思方案实施的效果。当小组成员一起工作时，大家能够花更多的时间反思解决方案，并且监测问题解决过程以及人工制品，通过在学习过程中发现的问题来驱动反思，同伴交互与个体反思的结果将直接或间接反映在方案的修改、策略的调整以及制品的完善中，即监测与评价。

第三节 小 结

本章对基于项目的学习进行了概念界定，分析了基于项目的学习的特点。在此基础上对基于项目的在线协作学习的理论基础、核心要素、学习过程、认知活动分别进行了阐述。基于项目的学习是一个问题解决的过程，以专家技能的形成为主线，以真实问题为驱动、以人工制品为产出，在解决问题的过程中以学习者的探究为手段，实现学习者认知图式的完善与发展。其比较突出的特点是问题驱动、整合性（知识领域的整合、知识与经验的整合、"学"与"教"的整合、"学"与"用"的整合）和产出的社会性。基于项目的在线协作学习是基于项目的学习在在线学习环境中的实施。其理论基础包括建构主义、做中学、社会建构主义、分布式认知、社会实在论和知识整合理论。从认知发展的视角来看，基于项目的在线协作学习的认知原理和过程可以归结为一条主线、两个核心要素、三种认知活动和四个学习环节。一条主线是指基于项目的在线协作学习的目标是获得专家技能，专家技能是学习者的领域核心概念和原理的掌握在认知图式中的体现，是知识及其获取过程中所经历的积极思维活动的整体，具有相对性和动态发展性。专家技能的获得以问题解决为载体，知识学习与认知发展融于问题解决过程中。两个核心要素是问题和人工制品，问题是学习的驱动因素，具有真实情境性和开放性的特点。人工制品是学习者认知活动过程和结果的集中体现，人工制品是认知结果的外化，同时也是学习者认知活动的"锚"。基于项目的在线学习的人工制品具有虚拟性的特点。问题解决集成了学习者的认知活动，表现在人工制品的完善程度方面。人工制品是认知发展的外在表现。三种认知活动是指同伴交互、个体反思和建模，三者交织在一起构成了学习者探究过程的主要认知活动。同伴交互和个体反思推进了知识建模，知识建模的外化为同伴交互和个体反思提供认知对象，三者的循环发展促成了人工制品的形成和完善。三种认知活动均在在线环境下进行，体现了认知活动在社会维度和物质维度、空间维度和时间维度的分布。四个学习环节是指问题表征、解决方案生成与论证、实施解决方案、监督与评价。基于项目的在线协作学习是复杂问题解决的过程，问题的复杂性和学习者的新手特性使问题解决策略难以通过图式自动化生成，而需要通过集思广益和交流协商，充分表征问题、论证问题解决方案并在问题解决过程中经过反复论证、提炼观点达成共识，在实践参与过程中掌握领域的核心概念和原理。

第二章

基于项目的在线协作学习支架研究综述

"支架"一词来源于建筑领域的脚手架,其作用是为施工提供工作平台,使建筑在高度上不断向上扩展。在学习领域,支架形象地描述了学习者认知发展过程中所需要的外部支持,帮助其从实际发展水平过渡到潜在发展水平,即达到最近发展区的上限(Vygotsky,1978),如图 2-1 所示。在这里,支架涉及一个过程,在这个过程中指导者为学习者提供帮助,因为学习者最初不能自己掌握任务和概念。一旦学习者掌握了任务或概念,指导者开始退出学习过程,或者逐渐移除支架,允许学习者独立工作(Lipscomb 等,2012)。

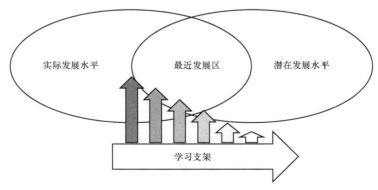

图 2-1 学习支架

基于项目的在线协作学习是一种复杂学习,学习者要获得的技能涉及许多相互作用的成分,以至于可能会被学习任务淹没(Van Merrienboer 等,2003)。基于项目的在线协作学习支架在学习支架的概念上进行了扩展,支架的主体和形式更加多样化。除了传统的教师或更有能力的同伴所提供的帮助之外,基于项目的在线协作学习在学习环境中嵌入了技术支架。本章将介绍学习支架、在线学习支架和基于项目的在线协作学习支架的相关研究。

第一节　学习支架

支架最初被定义为"为孩子或新手解决问题、执行任务或达到目标提供的帮助，前提条件是没有这些帮助他们难以完成"（Wood 等，1976），旨在"降低自由度"和帮助学习者"维持方向"（伍德等，1976）。Stone（1998）将支架视为发生在教师和学习者之间的互动过程，双方都必须积极主动地参与到这个过程中。学习支架的核心思想是通过提供结构或限制，以外显化方式或窄化选择的形式降低学习者所面临任务的复杂性，使学习任务的难度控制在最近发展区内，使问题解决更具有可处理性（Reiser，2004）。一方面，提供支架降低了任务的复杂性，使其可获得、可管理，处于学习者的最近发展区内，使学习者的学习更加易于处理（Rogoff，1990；Vygotsky，1978）；另一方面，问题化任务，使学习者投入关键的学科框架和策略的学习（Reiser，2004）。教师通过结构化任务和运用指导策略使学习者解决复杂问题的熟练程度逐渐增加，承担的责任和所有权逐渐增加（Collins 等，1989），从而使学习者能力发展渐增，与此同时将额外的支架拆除（Collins，1988）。一些教育研究者提出了认知学徒模型，首先让学习者观察专家级的从业者的示范行为，然后为学习者搭建支架（提供建议和示例），接着引导学习者进行实践操作，逐渐减少支持和引导，直到学徒能够独立工作（Collins 等，1989）。支架使任务保持了适当的复杂性和激励性，并使其处于学习者的潜在发展水平内（格里诺，2010）。学习者以这种方式参与到那些处于其最近发展区上限的学习活动中。Van de Pol 等（2010）总结了支架的关键特征（偶然性、退去性和责任转移）并构建了支架的概念模型，如图 2-2 所示。

随着技术在教育中的应用不断深入以及支架概念的演变，支架在教育研究和学习科学中的意义越来越宽泛（Pea，2004），支架比喻的功用已经被从原始的理

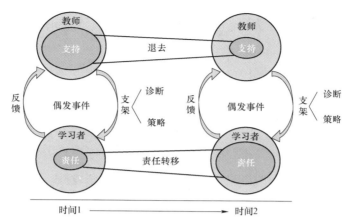

图 2-2 支架的概念模型

论情境中移除,而是作为教师发起的教学指导策略,支架概念逐渐被等同于支持(Wood 等,1976;Bruner,1975;Puntambekar 等,2005)。支架提供者不仅仅局限于教师或更有能力的同伴,还包括技术及其构成的学习环境。例如,软件提供提示以提醒学习者学习进展阶段(Davis,2000),图形组织者或其他符号帮助学习者计划并组织他们的问题解决过程与活动(Quintana 等,1999),表征帮助学习者跟踪他们的学习阶段(Collins 等,1988;Koedinger 等,1993)。有的研究将技术作为"认知工具"应用到学习和教学中,作为学习者能力的延伸和模型,如帮助学习者外显知识建构过程(Brown 和 Campione,1996),结构化学习任务,引导学习者通过学习的关键环节,支持学习者制订计划并将其实施,按照学科关键内容和策略塑造学习者的表现和任务理解能力,并且将重要内容问题化(Reiser,2004)。也有研究者使用技术工具捕捉学习者的学习状态,供教师及时反馈和开展形成性评价(斯洛塔和林,2015)。Quintana 等(1999)认为,需要将工具集成到一个环境中,形成支架环境,然后提供工具和过程支架支持学习者的探究过程。基于项目的学习支架的研究文献相对较少,主要聚焦在降低问题的劣构性和任务的复杂性,缩小问题空间,使其可获得、可管理。支架的作用主要包括维持方向、降低自由度、结构化认知等[①]。通过支架使问题或任务处于学习

---

① 维持方向是指保持学习目标并维持学习者对特定目标的追求;降低自由度是指具体化学习者需要掌握但还不能实施的任务,使其简单化;结构化认知是指根据认知的连续性特点,限制问题空间,将任务分解成具有内在逻辑性的子任务体系。

者的最近发展区内，使得学习者的学习更加易于处理（Vygotsky，1978）。

很多研究结合认知负荷理论论证在各种基于建构主义理论的活动教学中提供学习支架或指导的必要性，以及具体的支架策略。在基于问题解决的学习中，问题解决中的检索任务需要调用工作记忆资源来完成一些与学习无关的检索活动，缺乏指导的教学给学习者的工作记忆增加了较重的负荷（Sweller，1988）。问题解决过程中的认知负荷不仅来自问题，还取决于学习者的经验。同样的问题和任务，对于有经验的学习者来说，面临的认知负荷则较低，较少的指导对他们来说效果更好；对于新手学习者来说，因为他们的长时记忆中缺乏足够的知识来阻止徒劳的检索工作，需要为其提供充分的指导（基尔希纳等，2015）。朱龙和付道明（2020）的研究发现，在问题解决过程中提供问题支架能够显著提升学生的学习成绩和问题解决能力。Sweller 和 Cooper（1985）提出，在基于问题解决的代数学习中为学习者提供工作样例，使学习者聚焦问题状态和问题解决步骤之间的关系，减少他们使用概括的解决方案的行为以及因检索而带来的认知负荷（Sweller 和 Cooper，1985）。工作样例提供了一个完整的问题解决方案。学习者能够获得有关问题状态、操作以及应用操作出现的结果的知识（Renkl，2014）。研究工作样例能够提升知识建构和迁移的效果（Sweller 等，1998）。Reiser（2004）提出结构化学习任务和问题化重要内容的支架策略。结构化学习任务支持学习者制订计划并实施，引导学习者通过关键环节，按照学科关键内容和策略塑造学习者的表现和任务理解，并且将重要内容问题化（Reiser，2004）。"有价值的困境"（Desirable Difficulties）的研究（Bjork，1994）将关于记忆与技能获得的研究拓展到更为复杂的学习任务。增加学习者在学习中犯错误的可能性，使学习者从错误中学习。教学活动（如生成解释、在其他选择中做出分辨，以及嵌入式的评价）都增加了错误概率，但也带来了更好的学习结果（林和艾伦）。Van Rooij（2009）发现，为学习者提供项目管理工具和模板（如任务分解结构模板、活动清单模板和项目状态报告模板）有助于团队内部沟通和积极的合作行为。Huang 等（2012）认为，程序性支架有助于学习者在小组话语水平、小组学习和个体学习方面取得更好的学习效果。

第二节 在线学习支架

技术对教学的支持一直得到了广泛关注，从程序教学、CAI（计算机辅助教学）、智能导师系统到自适应学习支持系统，技术对教与学的支持随着技术的进步和学习理论的发展而不断地深入和智能化。通过设计优良的技术环境的帮助引导学习者进行复杂的探究活动，收集学习者作品、促进学习者反思，将教师从这些工作中解放出来，使其有时间关注更有意义的与学习者交互的活动。有些人甚至主张精心设计的、能支持综合性活动的技术工具可以建立起一个真正的人机共生关系，把人类活动的组成部分重新组织成不同于技术设计的结构（Pea，1985）。虽然对于确切的目标和如何评价搭建支架技术的优点存在各种不同的观点，但是人们一致认为新工具使人们能够以比过去更复杂的方式进行工作和学习（布兰思福特等，2013）。

技术增强型学习环境是一个软件系统，可以将课程材料呈现给学习者并收集他们的作品，然后提供有效的用户界面来指导学习者和教师制定课程。同时，这个软件系统还能够提供大量的课程，其功能包括网页展示、促进学习者合作和提供数据表格、图表和绘图、在线讨论、多种模拟系统和模拟工具等。多种技术工具可以组合在一起支持项目研究、为学习活动提供支架、以有效的提示或者暗示的形式提供指导、收集所有学习者的作品以供评价。

在以计算机支持的协作学习（Computer Supported Collaborative Learning，CSCL）为代表的在线协作学习环境中，"支架"包括教学和技术支持。在线协作学习环境中一般设置最低限度的指导，对学习者的自主学习能力要求较高。很多研究从促进小组讨论、学习者反思和知识建构的角度开发了支持脚本并进行了实验。创建协作脚本和小组评估方法的教学支持是基础。Dillenbourg（2002）认为，脚本是一个阶段的序列，基于理论的结构化交互是促进高效的交互和学习的重要方法。在基于问题解决的在线协作学习过程中,为学习者提供明确的学习阶段框架,有助于学习者达到更高层次的知识构建水平,弥补学习者自主学习能力的不足(Rienties 等,2012),减少自主学习者的投入(Rienties 等,2012)。协作脚本规定了学习者如何组成小组、如何交互和协作以及如何解决问题(Dillenbourg,2002)。施加程序性支架干预促进学习者在小组话语水平、小组学习和个体学习方面取得更好的学习效果(Huang 等,2012)。学习者之间的互动过程需要良好的结构,教师需要不断评估学习者和小组,以便提供形成性反馈和更好的指导(如脚手架)(Isotani 等,2011)。Noroozi 等(2013)发现,在基于计算机的协作学习小组的话语过程中,互动式讨论脚本(脚本提示学习者释义、批评、提出有意义的问题、构建反驳和提出论点综合)有助于论证性知识的构建,有助于学习者获得更多的领域特定知识和领域一般知识(Noroozi 等,2013)。Monteserin 等(2010)认为采用论证方案(Argument Plans)①为学习者提供帮助时,他们更容易达成共识。Raes 等(2012)通过实验发现多重支架(教师支架、技术支架)能够促进学习者的知识获得和元认知意识提升。

只为学习者提供支持个体探究活动(如研究、数据收集、可视化、建模等)的"工具箱"是不够的,因为学习者实质上不知道用这些工具做什么(Quintana 等,1999)。专家科学家有潜在的过程知识可以投入探究过程,而作为新手的学习者则没有。因此,需要将工具集成到一个环境中,形成整合工具的支架环境,提供工具和过程支架支持学习者的探究过程。专家促进者的目标和策略以及如何开发嵌入支持功能的系统得到广泛研究(Hmelo-Silver,2002)。即在学习过程中提供支架,为促进学习者理解和反思复杂任务提供暂时的支持。支架形式包括辅导、任务结构化和暗示,但是不明确地给予学习者最终答案(Reiser,2004;Hmelo-Silver,2007);进行建模和对话以增强学习者对监督和策略的使用(Palincsar 等,1984;Palincsar,1986;Palincsar 等,1987);基于问题提示的辅导(Scardamalia 等,1984);指导学习者自我生成问题(King,1991;King,1992)。

---

① 呈现学生在辩论过程中可能使用的论点,为学生提供关于问题解决和必须解决的冲突一个完整的和直观的观点。

技术环境中的支架分为两种类型：黑箱支架和玻璃箱支架。黑箱支架促进学习者的绩效多于学习，但是在使用环境中不退去。黑箱支架代替学习者执行任务，所执行的这个任务对于活动的学习目标并不重要。当学习者不在学习环境中执行活动时，黑箱支架退去，它简化了过程但没有增加学习者对它的理解。例如，用于交流的菜单系统、软件中的指导指引学习者完成任务，但不告诉学习者在没有他们的指导时如何完成，即支架不透明且不退去；引出表达中的总结提示，但并不解释为什么要求总结。玻璃箱支架用于促进绩效和学习，但是会在使用环境中退去。对于学习者来说，理解玻璃箱支架提供的内容很重要，因为我们希望学习者能够具有玻璃箱支架提供的功能。玻璃箱支架体现为一些不同类型的支持，包括具有退去性的自我解释提示、绩效支持、协作环境、智能代理（作为指导和教练）、展示（如栏目和行标题以及展示要素提示等）。玻璃箱支架允许学习者聚焦在一组学习目标上，降低子目标水平。例如，交流过程的指导，解释要完成任务的内容和原因；辅导过程中的评论、原理解释或辩论支持。Quintana 等（1999）认为，支架既包括外显的，又包括内隐的。其所开发的 Symphony 系统构成了整合多种技术支架的学习环境，用来解决高中学生调查环境科学的问题。Symphony 提供了完整的过程空间集，用于识别不同层次的工作。其中，计划层次包含单独的过程空间，如计划和调查。活动层次包括两个过程空间，用于反思活动（发展问题和回顾过程）以及三个过程空间用于支持基于工具的活动（收集数据和可视化数据，建模数据）。过程空间中的活动包括元过程、反思和基于工具的活动三种类型。其在实施过程中提供信息、管理人工制品、支持非线性工作。这些支架策略表明通过激活学习者的图式、检索知识提升学习者的认知程度，通过他们的思维外化和指导他们监督自己理解，可以增强理解和元认知（Ge 等，2003）。

  教学活动具有复杂性，以规则和推理为基础的人工智能技术无法提供像人类教师一样"智能化"的教学。先进的技术能够促进学习者的协作努力，但是，其自身在没有合适的教育安排和协作学习参与者支架的情况下，不能为其提供足够的支持（Lipponen 等，2004）。在技术环境中，学习者结合经历、解释与同伴和教师的交互积极建构的知识能够学得更好，而技术本身不会自动地起作用（Eskrootchi 等，2010）。当提供有效的技术问题指导和时间管理方法时，该方式能成功地应用于计算机相关的课程中（Karaman 等，2008）。可以利用技术手段辅助教师处理一些常规性的、具有规则的工作，但教与学过程的主体仍然是人。利维（Levy）等（2005）认为，技术能够取代常规性的工作，但不能替代专门的思考和复杂的交流。考虑到教学过程的复杂性，技术支持环境下的学习不仅需要利用技术手段减轻教师的负担，更需要指导者积极地实施教学干预，保证学习绩效。技术增强型教学系统应该从支持学习者学习的角度，为学习者提供适合其认知特征的认知工具，分析学习者的学习记录，为学习者提供导航和学习建议；教师参与学习者的学习过程并为其提供指导和帮助；学习者可以进行自主学习、协作学习和探究性学习（张剑平等，2010）。

第三节 基于项目的在线协作学习支架

随着信息通信技术的发展，交互式学习环境蓬勃发展，在基于项目的学习中有效地利用 E-Learning（数字化）环境或以计算机为媒介的交流工具已经成为一个流行的话题（Hou 等，2007）。计算机支持的协作学习的发展为在线环境中的基于项目的学习提供了借鉴，如，为学习者提供交互工具促进相互学习（Koschmann，1996），提供与问题解决相关的资源。有研究利用网络平台进行网站设计与网页制作课程的项目化教学活动，为学习者提供学习导航、课程资源和交互工具，并将项目所涉及的工作任务解构成知识点、能力点和素质点，然后围绕这些粒度较小的单元组织资源，为学习活动提供有针对性的资源帮助（周惠，2014）。在基于项目的科学教学中，通过网络扩展与他人的交互和合作，提升实验调查，仿真专家制作人工制品所使用的工具（Krajcik 等，1994）。有研究将技术作为"认知工具"应用到学习和教学中，尤其是整合计算机硬件和程序到基于项目的学习中，作为学习者能力的延伸和模型。另外，技术在知识建构过程的外显化中已经体现出其价值，技术能够帮助学习者意识到这个过程（Brown，1996）。软件工具能够为结构化学习任务提供帮助，指引学习者通过关键环节和支持他们制订计划并实施。另外，工具能够按照学科关键内容和策略塑造学习者的表现和任务理解，并且问题化重要内容（Reiser，2004）。很多研究者开发了基于技术的工具，如在线科学笔记本、图表工具、模拟系统、概念图和反思笔记。这些技术可以及时捕捉到学习者的想法，教师根据这些想法进行及时反馈和开展形成性评价（斯洛塔等，2015）。真实科学课堂环境中的基于网络的协作探究项目学习中，多重支架（教师支架、技术支架）能够提高学习者的知识获得和元认知意识（Raes 等，2012）。对于基于项目的在线学习，Splichal 等（2018）指出，通过设计外部脚本进行有效的反思，能够促进学生内部脚本的调整。

第四节　小　　结

已有研究对基于协作的各种活动教学是否应该提供指导进行了辩论和实证研究，并提出有效的支架或指导策略。如对于是否应该提供支架，总体上的看法较为一致，研究者普遍认为学习过程中应该根据需要提供适当的指导或支持，包括教学支架和技术支架（技术环境设置），技术支架以计算机支持的协作学习方面的研究较为突出。对于应该提供什么样的支架，研究主要集中问题解决过程的设置和协作过程中的讨论。但是，针对基于项目的在线协作学习支架的研究文献很少，且缺乏系统性和针对性。

第三章

基于项目的在线协作学习支架设计原则与依据

在复杂的学习环境中，学习任务的难度源于知识和技能的整合，不同技能的协调，以及在解决问题时使用基于认知图式的过程的复杂性（Van Merrienboer 等，2002）。基于项目的在线协作学习是一种复杂学习，其所呈现的问题往往是学习者难以通过已有认知图式驱动而解决的。作为新手学习者，在面临复杂学习任务时，什么时候需要帮助？需要什么程度的帮助？以及如何在学习支架的支持下有效地完成项目任务并实现学习目标？对这些问题的思考能够为教师进行教学设计和学习过程支持提供原则和依据。本章以最近发展区理论和认知负荷理论为基础，介绍在基于项目的在线协作学习过程中为学习者提供学习支架的原则和依据。

第一节 基于项目的在线协作学习支架理论基础

最近发展区理论和认知负荷理论为学习支架的设计提供了理论基础。学习者的认知发展取决于已有认知发展水平和所面临的学习任务的难度，当学习任务过于简单时，则不需要学习者投入一定的认知资源即可完成，但也无法实现认知的发展；当学习任务过于复杂时，学习者产生了沉重的认知负担，学习任务则无法顺利完成，同样达不到学习的目标。基于项目的在线学习支架的设计以学习者的最近发展区为依据，确保学习者面临一定的认知挑战，促进其产生积极的认知活动。

一、最近发展区

维果茨基（1978）认为，最近发展区是指学习者个体独立解决问题所体现的发展水平与通过指导或与更有能力的同伴协作所体现的潜在发展之间存在距离。为了能达到更高水平的学习，根据学习者的行为为其提供即时的、具有适当挑战性的活动和应需教学是非常重要的，最低限度地指导对学习者最有利（Vygotsky，1978）。儿童在他人的协助下能做到的比他们独自能做到的，对他们的心理发展更具预示作用（Vygotsky，1978）。也有学者认为，最近发展区指的是能力的宽度（Brown 和 Reeve，1987），即学生借助情境包括其他支持能够达到的能力宽度。能力较强的同龄人、父母和其他伙伴的作用是挑战和扩展儿童的理解力。也有助于增进对正规和非正规教学情境之间关系的理解（Lave 和 Wenger，1991）以及人与工具之间的认知分布（Salomon，1993）。最近发展区体现了学习的准备性概念，强调能力的上位水平。这些上位界限并非一成不变，而是随着学习者的独立能力的增加而不断变化。学习者今天需要协助才能做到的，明天便能独立完成了，因此这是为他进入新的、更加需要合作的情境做准备。这些可称为"蓓蕾"而非发展的果实。实际的发展水平具有继往的心理发展特点，而最近发展区具有开来的心理发展特征（Vygotsky，1978）。

在基于项目的在线协作学习过程中，学习者专家技能的发展同样是一个动态的过程，新的知识技能在已有认知图式的基础上"生长"起来，学习者在习得新知识技能的过程中，必须与已有的经验建立连接。当学习者基于现有认知水平无法完成任务时为其提供学习支架，帮助其顺利达到最近发展区的上限是基于项目的在线协作学习过程的一个重要特点。最近发展区理论为学习支架的介入提供了一个理想的时空（王海珊，2005）。作为认知能力有待提高的学习者，在领域知识方面通常属于新手，其很难识别出自己需要达到的水平与当前水平之间的差距。识别或帮助学习者识别其最近发展区并施加有效的干预是实施有效教学的关键。最近发展区是刚好超出学习者当前能力水平的一个动态区间。正在获取新技能和理解的学习者的最近发展区随着学习的发展而移动。在基于项目的在线协作学习中，复杂的问题或者任务往往超出了学习者的最近发展区。按照复杂程度、难易程度及逻辑关系对问题或任务进行有序分解,使问题或任务有序渐进地呈现给学习者,这有利于使学习者面临的问题落在其最近发展区之内,使学习者能够始终处理稍微超前于当前能力水平的各种认知挑战(Wertsch,1986)。维果茨基(1978)认为,概念发展和理解发生于个体进入与更有能力的同伴或教师的有意义交互中。教师或同伴能够成为问题解决的模仿对象,支持学习者发现问题解决方案,监测进展以及评价成效(Tharp 等,1988)。引入各种"支架"(学习帮助、模型、训练策略)可以帮助学习者精通探究活动,缩小与专家之间的差距。掌握者、教师应通过分解任务,使用建模、提示,教授问题解决的策略,逐步转移责任给学习者等支架帮助学习者(Blumenfeld 等,1991)。例如"认知学徒制"(Collins 等,1989)教与学模型中,学习者对主题领域"技能"的学习,发生在与这些技能在以后的生活中可能用到的情境完全相同的情境中;技能通过大量的实践获得;专家是学习者模仿的对象,其可以根据学习者的实践及时给予反馈;同时,学习者接受对应用所学技能有用的元认知技能的强化。在这个过程中,学习者通过观察—模仿—反思—接受指导—练习等环节的不断循环逐步熟练掌握相关技能。

二、认知负荷理论

学习是长时记忆改变的观点得到了学界的普遍认同。长时记忆中以认知图式的形式存储大量的、复杂的交互和过程信息,其复杂程度决定了人类处理问题的能力。工作记忆负责处理新的信息和来自长时记忆中的信息,具有空间和持续时间方面的限制。在处理来自长时记忆中的信息时这些限制消失。在处理新的信息时,容易形成认知负荷。认知负荷是内在认知负荷、外在认知负荷和相关认知负荷的总和(Sweller 等,1998)。内部认知负荷取决于要处理信息的复杂性和加工信息的人的知识,改变需要学习的信息或改变学习者的专业性可以改变内部认知负荷(Sweller,2019)。外部认知负荷取决于信息如何被呈现以及在教学过程中要求学习者做什么。改变教学程序可以改变外部认知负荷(Sweller,1998)。要素交互性同样决定了外部认知负荷(Sweller,2010)。相关认知负荷是学习所需要的认知负荷,更多地涉及处理内部认知负荷所投入的工作记忆资源。内部认知负荷和相关认知负荷紧密交织在一起。相关认知负荷可以重新分配工作记忆资源，即从外部活动到与学习直接相关的活动，还可以处理有关学习任务本质的信息（Sweller，2019）。

　　认知负荷取决于要学习的材料或任务要素之间的交互程度。工作记忆能够同时处理的要素数目是有限的。要素交互程度越高的材料，理解越困难，而整合交互的要素能够降低要素个数。因此，对于一个人来说是大量的交互要素，而对于另一个有经验的能够运用图式整合这些要素的人来说可能是单个的要素（Van Merrienboer，2005）。认知负荷不仅与信息的复杂度有关，还取决于学习者已有认知图式的完善程度。同样的外部信息结构对于长时记忆中认知图式的复杂程度和自动化程度不同的人来说，内部认知负荷具有差异。认知图式能够作为中央处理器起作用，即直接控制行为，不需要在工作记忆中加工，这种自动化能够释放工作记忆容量用于其他活动。在问题解决过程中，新手学习者与专家的区别即在于各自所感知到的认知负荷的不同（Sweller 等，1998）。专家的认知图式中的要素经过了组织，其中整合了大量的问题状态和问题解决的相关动作或步骤，较为复杂，自动化程度较高，能够极大地降低工作记忆负荷。布兰思福特等（2000）认为，组织良好的领域知识结构影响专家的注意，以及组织、回忆和解释信息的方式，反过来又影响他们记忆、推理和解决问题的能力。当遇到认知冲突时，专家更容易建立旧信息与新信息之间的连接以及提取已有信息重新进行组织（刘作芬等，2010）。细微的信息即可以使其提取整个图式，因此，专家能够从信息不充分的劣构问题中建立问题所对应的概念和关系，进而发现导致问题的相关因素，然后提取导致问题的主要因素和约束条件，识别有分歧的观点（Ge 等，2004）。同时，专家能够从多个维度表征问题、提取图式，识别问题的关键所在，从而准确地发现问题空间。在此基础上提出多种可能的解决方案，并使用可行的和可论证的证据支持选择的解决方案（Voss 等，1988）。对于新手学习者来说，在问题解决的过程中工作记忆可以提取并利用的长时记忆中的图式信息有限，当处理新的、没有组织的信息，且没有现成的图式可获取时，学习者必须随机组织，稍后检验组织的有效性，工作记忆容量不可避免地被限制。因为当新手学习者需要组织的要素数目呈线性增长时，可能的组合数目则呈指数增长。另外，认知研究中关于专家和新手学习者的研究揭示了专家的元认知和自我监控能力的重要性以及非专业的和年轻的新手学习者在计划和自我监控技能方面的缺失（Bereiter 等，1993）。

认知负荷理论关注信息结构与认知结构相互作用的教学意义（Hoogveld 等，2005），为教学设计和学习过程中的学习支架设计提供依据。在基于项目的在线协作学习中，问题通常是劣构的，其问题解决所涉及的要素通常具有高交互性。劣构问题增加了学习者组织问题和检验学习过程的复杂性（Feltovich 等，1996）。新手学习者的认知能力和元认知能力将直接影响问题解决过程的每个步骤，从而影响问题解决的质量。专家的认知图式较为复杂、完善，在面对劣构问题时，也能够敏锐地识别出问题的关键所在，激活已有图式，明确问题空间及其约束和限制，解释新的情境和观察，引导新手学习者检索合适的解决步骤（Chi 等，1985），在解决问题的过程中需要投入的认知资源较少。对于专业技能有待提升的新手学习者来说，尚未形成所学习领域比较完善的认知图式，领域知识分化程度较低，在对信息的感知和处理方面具有局限性和不精确性。由于没有丰富的可利用的图式用于表征学习中的复杂问题，在问题表征阶段，不能够对问题状态进行快速分类，必须随机组织并检验组织的有效性，工作记忆容量受到限制。而认知加工容量的有限性使得新手学习者不容易同时把握较多的没有关联的信息。新手学习者对问题的界定不明确，生成的解决方案往往比较笼统、单一、不具有针对性，同时，也不能够充分地对问题解决方案进行分析，比较各种方案的约束条件和限制因素，并预计问题解决的结果。对学习过程的监测、问题解决结果的论证、检验和评价需要反思、评价等元认知活动。在没有可利用的认知图式的情况下，新手学习者经常被迫应用一般的策略问题，这常常不足以带来成功的问题解决过程（Gick，1986）。在问题解决策略的选择方面通常使用"弱"问题解决方法，如"手段—目的"方式。通过逆向（Backward）的工作缩小目标与初始状态之间的差距，然后再正向工作解决问题，而逆向工作环节增加了认知负荷（Sweller，1988）。

第二节 基于项目的在线协作学习支架设计的原则

基于项目的在线协作学习支架的设计以学习者所感知的认知复杂度为基础，以促进学习者认知图式的有效建构与自动化为目标。判断学习者的认知发展水平及其与解决问题所需认知之间的差距是为学习者提供帮助的关键。在设计学习支架时，一方面，要保持问题或任务的适度复杂性；另一方面，要提供适时的认知干预。

一、适量的认知负荷

从认知负荷理论可以看出，保持适度的认知负荷是确保认知活动发生的前提。基于项目的在线协作学习强调学习者自主解决问题并生成人工制品，但这并不意味着教师角色作用的弱化。学习过程中，师生之间的互动是一种"弱架构"的关系，学习者对学习的控制权有所提升，但教师的主导地位仍然不能被取代。教师对学习过程的控制权的调整是基于项目的在线协作学习中教师面临的另一个难题。在基于项目的在线协作学习中，学习者通常面临较重的认知负荷。教学设计中应降低外部认知负荷、分解内部认知负荷、增加相关认知负荷，促进学习者进行有效学习。

（一）降低外部认知负荷

外部认知负荷取决于学习材料的呈现方式和学习活动的设计，与学习者的认知图式建构和自动化过程无关（Sweller 等，1998），教学应最大限度地降低或消除外部认知负荷，以便学习者有足够的认知资源投入认知图式建构过程。在基于项目的在线协作学习中，学习者的外部认知负荷来自不合适的教学设计，如学习过程各环节和各种认知活动的组织、协调与管理，以及不适当的问题解决策略。基于项目的在线协作学习过程包括任务目标、教学目标和知识建构目标。三种目标之间存在交叉与重叠。降低认知负荷应最大限度地降低对于学习者认知图式的改变没有明显帮助的认知工作。其主要体现在以下四个方面：①为学习者提供工具替代非认知目标范围内的工作。如，学习者已经掌握了数学计算方法，则应通过技术手段替代学习者的复杂耗时的计算过程。②为学习者提供学习过程管理与组织工具。专家有足够的策略知识来思考问题解决过程中各个环节之间的关系并且在各种认知活动之间自由穿梭,但是新手学习者则需要借助一定的工具梳理各学习环节及要素之间的关系,以可视化的形式将其呈现。学习支架应提供明确的学习空间和框架,以及学习者在问题解决过程中所需要的管理工具和支持工具,如结构化问题解决过程的各个环节、设置认知活动空间等。③为学习者提供必要的学习资源,减少盲目检索资源所造成的认知负荷。④在问题策略的生成与选择环节中,引导学习者探索更有认知挑战性的问题解决方案,使学习者能够调动认知资源实现认知图式的建构,而非仅实现解决问题的目标,因为解决问题只是学习的手段。

(二)降解内部认知负荷

内部认知负荷由元素间交互形成,取决于所要学习的材料的本质与学习者的专业知识之间的交互,教学设计者不能对它产生直接的影响。在基于项目的在线协作学习中,学习者面临的内部认知负荷取决于学习要素的交互性的高低和学习者的认知图式的复杂度,其大小是相对的。同样交互性程度的任务,对于拥有不同认知图式的学习者来说,其所感知的认知负荷是不同的。学习者长时记忆中的认知图式越复杂,其能够整合的要素粒度越大、个数越多,则认知负荷越小(Sweller,1998)。当学习者拥有较复杂的认知图式时,学习材料中具有高交互性的要素能够被整合进认知图式中,作为一个独立的要素进入工作记忆空间。基于项目的在线协作学习的参与者通常是新手学习者,其所面临的任务相对来说具有高交互性,因此对任务要素的降解有助于降低其内部认知负荷。所谓降解任务要素是指对所面临的学习任务进行演化,根据复杂程度和逻辑关系生成一个或多个次级任务,次级任务的完成有助于学习者处理上一层次的任务。对学习任务的降解需要注意以下两个问题:①次级任务的难度适中。对任务的降解是为了降低任务的交互程度,通过处理次级任务为完成高级任务做铺垫,是学习支架的一种形式。根据任务的复杂度和学习者的领域认知水平确定次级任务的难度和次级任务的层级。当层次数较少时,每个层级的任务复杂度则相对较高,对学习者认知挑战也较大;而当层次数较多时,则学习者在处理各层级的任务时所面临的任务负荷较小，但是所需要处理的次级任务数量会增加，在一定程度上增加了学习者的认知工作量。因此，次级任务的复杂度和层次数的设置应基于学习者的最近发展区，以保证任务的完成始终处于学习者的最近发展区内，任务具有一定的认知挑战，但是通过学习者积极的认知活动能够完成。②降解后的各层级任务之间应具有层次性和逻辑性，即任务中所体现的领域知识之间具有一定的层级关系和逻辑关系，在对任务进行降解时应考虑不同层级任务之间的关系，使其能够按照难易程度和逻辑顺序有序组织，这样有利于学习者循序渐进地学习，保持认知活动的连续性。将高交互性的任务进行降解，使其成为多个不同层级的任务，这种操作既有助于学习者基于已有的认知图式整合低层次的认知图式要素，减少要素数量，降低要素的交互性，也能够促使学习者循序渐进地建构与完善高层级的认知图式。

（三）增加相关认知负荷

相关认知负荷反映了学习者积极建构认知图式的认知努力，是认知图式建构与自动化所必须的认知活动（Sweller 等，1998）。对于学习发生必然经历的认知活动，降低认知负荷的目标在于降低复杂性，使其具有可处理性，如知识建构过程。为了促进学习者积极地认知加工活动，一方面，应降低其所面临的认知负荷；另一方面，则需要保持问题具有一定的复杂性和挑战性，起到激发认知活动的作用。否则，当认知任务完全处于学习者的经验范围内时，则不具有学习的价值。学习中的问题只有转化为学习者的认知冲突时，才能够引起学习者的认知操作。意义建构是认知图式的生成与完善过程，是主动的认知加工操作。例如，问题的分析、资料的选择与辨别、观点的比较、学习过程的监测与反思、新的观点的析出等，都需要学习者梳理已有认知结构中知识之间的逻辑关系，以及在已有知识与新的领域知识之间建立关联，形成新的观点并进行表征。有了适度的认知问题，并不意味着主动意义建构的发生。意义建构是一个具有连续性和持续性的过程，需要学习者与环境的不断互动。如何使领域知识无缝融入学习者的已有认知结构是意义建构质量的重要衡量指标。学习应在围绕核心概念组织知识（Bransford 等，2000）的同时激发学习者的好奇心，并给予问题引导。

在基于项目的在线协作学习中，应适当增加相关认知负荷。学习支架应通过问题驱动与引导激发认知活动，保证学习活动在时间、学习者经验和反思三方面的连续性，实现个体建构与群体建构循序渐进的发展。学习支架的提供应适量。所谓适量，是指支架既能够帮助学习者顺利度过最近发展区，又能够最大限度地保证学习者的认知参与度。Lepper 等（1993）指出，指导教师应将他们的支持调节到难度合适的水平，在引导学习者积极参与和提供足够的支持以防止其受挫之间寻找平衡。《礼记·学记》中提到"善待问者如撞钟，叩之以小者则小鸣，叩之以大者则大鸣，待其从容，然后以尽其声"，即指在教学过程中，在回答学习者的提问时应根据其所问问题的难易给予适度的回答，过之或不及都不是最好的教学。在理想情况下，支架与学习犹如一条拉链的两边，相互耦合，使学习始终在最近发展区内稳步进行。

二、适时的认知干预

所谓适时，是指支架应在学习者努力思考所遇到的问题并设法解决学习障碍而没有成功时提供，即"不愤不启，不悱不发"[①]。在基于项目的学习过程中何时提供干预和提供多少干预给学习者？教师提供的干预通常具有学习支架的特点，即在学习者执行任务时提供的支持，前提条件是如果不提供支持学习者可能无法完成任务或解决问题（Van de Pol，2010）。因此，教师干预应在学习者努力思考所遇到的问题并设法解决学习障碍而没有成功时提供，即启发的时机应在学生有所思、有所惑，但又百思不得其解的时候再去点拨他。从干预的量来说，一般认为，应刚好满足学习者的需要，过多，则剥夺了学习者锻炼的机会；过少，则影响学习者进一步学习。通常根据学习活动进行到的阶段和具体掌握情况来决定干预的量，在学习开始阶段，应给予较多的干预，随着学习的逐步进行，逐渐减少。对于学习进展较顺利的学习者，尽量提供较少的或者不提供干预；而对于有困难的学习者，则根据需要适量提供干预。这也体现了支架的灵活性，随学习的进展程度而随时变化或退出。在理想情况下，支架与学习形成了一种耦合状态，使学习始终在最近发展区内稳步进行。Lepper 等（1993）指出，指导教师应调节

---

① 引自《论语》。

他们的支持到难度合适的水平。指导教师需要在引出学习者积极参与问题解决和提供足够的支持以防止挫折之间寻找平衡。提供过多的帮助将移除富有成效的复杂性或阻止那些提供学习机会的错误（Lepper 等，1993；Merrill 等，1995）。学习支架量的变化正是体现了支架对学习的引导、启发作用。

第三节 基于项目的在线协作学习支架设计的依据

Wood 等（1976）认为，有效的教学指导者至少拥有两个理论模型：一个是任务或问题及其如何完成的理论；另一个是学习者的表现特征理论。两者相互依赖；否则，教师就不能够生成适合学习者特点的反馈。学习支架作为一种教学支持或干预，生成于学习任务或问题与学习者的相互作用中。因此，基于项目的在线协作学习的支架设计应基于学习任务和学习者特点，同时，还应考虑在线学习环境的特点及其带给学习者的认知负荷和支持条件，对学习者与学习任务和在线学习环境交互过程中产生的认知负荷进行诊断，作为提供学习支架的依据。

一、基于项目的在线协作学习的任务特点与学习者特点

基于项目的在线协作学习的任务性质取决于学习的问题设计。通常，基于项目的在线协作学习的问题具有复杂性、开放性等特点，学习者在解决问题的过程中所需要完成的学习任务具有高交互性（Van Merrienboer 和 Sweller，2005）。所谓高交互性，是指各要素之间具有较复杂的关系，且必须在工作记忆中同时处理才有意义。研究表明，用于认知活动的工作记忆空间一次能保持的信息要素数量是 7 个（Miller，1956），能够同时处理的要素数量是 2 个或 3 个，且工作记忆中任何要素之间的交互都需要空间。当需要同时处理的要素数量过多或要素之间的交互性程度较高时，就会造成认知负荷（Sweller 等，1998）。在基于项目的在线协作学习中，任务的高交互性体现为任务所涉及的领域知识要素粒度相对较大。一是知识要素所包含的子要素较多，二是知识要素之间具有复杂的联系。在解决问题的过程中需要同时运用这些知识。任务的高交互性是一个相对的概念，与学

习者在问题领域的认知水平有关。学习者认知图式中有关知识要素所包含的子要素及其关系的储备情况影响到学习者对任务的理解和处理。对于拥有不同认知图式的学习者来说，具有同样程度交互性的任务所体现的难度和复杂程度是不同的。当学习者拥有较丰富的认知图式时，可以通过认知图式整合不同层次的要素。被认知图式整合的要素在认知加工时作为一个要素存在，从而增加了工作记忆空间中要素的存储量和处理量（Sweller 等，1998）。虽然工作记忆对要素的数量有限制，但是其对要素的大小、复杂性没有限制。新手学习者与专家的区别即在于所拥有的认知图式不同。专家拥有较为复杂的认知图式，在解决问题的过程中，其所处理的要素是经过组织的、包含大量相互关联的子要素的认知图式。因此，专家有更多的工作记忆空间使用认知图式解决更复杂的问题（Sweller 等，1998）。新手学习者尚未形成所学习领域比较完善的问题解决认知图式，长时记忆中所存储的图式的数量较少、密度较低，影响其能够同时处理的要素数量和复杂程度，即同样数量的要素对于专家来说，可以通过认知图式将其组织成一个要素，或者成为不占用认知空间的要素；而对于新手学习者来说，由于没有相应的认知图式组织多个要素，因此需要付出大量的认知努力。在解决问题的过程中，当需要组织的要素数量呈线性增长时，可能的组合数量则呈指数增长，学习者的工作记忆就会超载，这将直接影响问题解决的过程和质量，从而降低学习成效。通过以上分析可见，任务的高交互性是相对于学习者所呈现的新手学习者特点而言的。

二、基于项目的在线协作学习环境

基于项目的在线协作学习在信息技术支持的在线环境中实施。学习的过程就是学习者与环境交互或者通过环境中的工具与他人进行交互的过程，包括与环境中的学习资源的交互、与教师的交互、与同伴的交互以及与嵌入学习环境中的学习工具的交互等。在基于项目的在线协作学习中，则体现为在线社会交互、在线表征与建模。①在线社会交互，包括师生互动和同伴互动。作为一种协作形式的学习，学习过程中社会互动体现得较为明显。除了与教师的交互，学习小组成员之间的交流是整个学习过程的重要活动。不同学习环节和不同类型主体之间的交互所需要的交互工具不同，如同步交互和异步交互、单点互动和多点互动、观点交流和作品评价等。②在线表征与建模。表征与建模是反思活动的结果，对表征与建模活动的支持体现为认知活动结果的外化。在学习过程中贯穿于问题解决的全过程，如问题表征阶段的问题描述、问题解决方案、人工制品等。表征与建模工具具有多样化的特点，在在线学习环境中主要体现为文字、图形、动画等媒介形式。

在线学习环境为学习者提供了多样的资源呈现形式和丰富的交互工具，形成了富媒体学习环境，资源的适当性和工具的适宜性、友好性能够促进有效学习的发生。但是，在线学习环境的虚拟性特点以及设置的不合理也会给学习者带来额外的认知困难。其具体表现如下：①以文本为主的在线交互削弱了面对面交互中所传递的更为丰富的肢体语言信息以及表情、语调、语速等信息，学习者对信息的解读需要消耗更多的认知资源。②在线学习环境中整合了多种认知工具，学习者对认知工具的熟悉程度影响其使用的积极性和有效性，如各种模型构建工具。③在线学习环境中各种认知工具的选择及其与学习过程的契合程度影响学习者对学习过程的管理。在线学习环境提供了丰富的交互工具，学习者能够自由地选择并进行操作，但是组织和整合这些割裂的交互活动对学习者来说具有一定的困难（汪琼和陈高伟，2003）。④在线环境中能够容纳丰富的、多样化的资源，对海量资源的检索与选取对学习者来说是一种负担。⑤技术对学习活动的统计分析与诊断是学习支架提供的较为直接的依据，如何依据在线学习行为诊断学习是在线学习面临的另一个难题。如，通过对社会交互内容与关系的分析判断交互质量和小组中的核心成员；依据学习者的学习行为在时间维度的分布判断学习者个体知识建构状态。

三、学习者面临的认知负荷及其诊断

在基于项目的在线协作学习过程中，学习任务的高交互性、学习环境的虚拟性等都会为学习者带来认知负荷。下面分析在问题解决过程和三类主要认知活动中学习者所面临的认知负荷，并提出学习者认知负荷诊断的方式和方法。

（一）学习者面临的认知负荷

基于项目的在线协作学习通常是复杂问题解决的过程，一般经历问题表征、

问题解决方案生成与论证、问题解决方案实施、监督与评价等环节。在学习过程的每个环节，学习者可能会面临不同的认知负荷。

1. 问题表征

问题是基于项目的在线协作学习的驱动因素，对问题进行表征是基于项目的学习的首要环节。在问题表征环节，学习者分析问题的目标、条件、限制等，抽取给定的信息和目标信息，尝试"理解"问题（Greeno，1978），形成整合的表征，即在问题与已有认知图式之间建立连接，运用已有认知图式建构问题空间，确定问题症结。学习者认知图式的复杂度在很大程度上影响了问题空间的明确性。学习者的认知图式越复杂，与问题相关的信息越容易在认知图式中找到附着点，从而建立连接，形成较为稳定的问题空间。基于项目的在线协作学习的问题通常具有复杂性、劣构性、高交互性，各要素之间具有较复杂的关系，且必须在工作记忆中同时处理才有意义。学习者作为认知图式有待提升的新手，认知图式中的要素整合程度较低，在表征问题时工作记忆中所能够同时处理的要素粒度和个数受到限制，往往面临难以从长时记忆的认知图式中提取有效信息到工作记忆中与问题所呈现的信息进行关联的困难，即难以将问题纳入认知图式中。犹如新手医生在诊断复杂疾病的病因时，有可能存在由于难以通过表面现象准确界定病因而导致出现"头痛医头、脚痛医脚"的现象。该环节的认知负荷主要来自问题的复杂性、劣构性和学习者认知图式的不完善。

2. 问题解决方案生成与论证

基于项目的在线协作学习中的问题通常是劣构的，难以通过认知图式驱动生成问题解决方案，需要学习者对问题进行提炼与表征。学习者认知图式的不完善，尤其是解决问题所需要的领域知识的欠缺，将加剧问题解决方案的开放性和不确定性。例如，新手医生在给患疑难杂症的病人提出治疗方案时，可能会出现不对症的情况。过高的开放性和不确定性将导致学习偏离预期方向，影响学习目标的达成。论证问题解决方案的过程是进一步减少或排除不确定因素的过程，也是对问题再次表征的过程。学习者对多个问题解决方案进行论证，更加全面地认识问题解决方案的可行性、有效性、风险性等，从而选出最佳解决方案。对于新手学习者来说，在确定问题解决策略时，学习者由于缺少对领域原则及其应用的理解，不得不使用浅策略（Shallow Strategy），如关键词策略（Key Word Strategy）、复制—适应策略（Copy-and-Adapt Strategy）以及手段—目的分析策略（Means–Ends Analysis Strategy）。使用浅策略不能够深化领域理解，属于对获得理解没有帮助的外部活动（Renkl 和 Atkinson，2007），为学习者带来外部认知负荷。因为初学者通过前推策略（手段—目的分析）来寻找解决方案时，学习者的注意力集中在表面的、具体的问题特征上，以减少当前问题状态和目标之间的差异，而不是关注与模式相关的原则，缺乏整体的、深入的思考。此外，减少问题状态之间差异的任务要求学习者持续关注子目标并考虑不同的解决方案，这可能会导致沉重的认知负荷（Sweller 等，1998）。

3. 问题解决方案实施

问题解决方案实施的过程是基于项目的在线协作学习成果——人工制品的生成过程。人工制品的生成过程是个体与集体持续地认知建模与外化的过程，这个过程存在反复与迭代。对该过程的组织、协调、检验和评价需要占用学习者相当大的认知资源。研究计划的执行、调整和具体学习活动的执行交织在一起。即使在学习活动过程中，学习者也需要在不同的过程空间之间频繁切换，如，数据分析过程中可能会引发新的问题，使得学习者回到问题表征阶段重新界定问题。这不仅取决于学习者的管理能力，还与其对领域知识的掌握程度有关。同时，执行计划、实施调查、基于阶段性成果决定下一步计划的策略知识也尤为重要（Reiser，2004）。学习者需要运用元认知策略及其他无法明确表述的隐性方法或工具。专家拥有执行活动所需要的过程知识，只需要笔记本甚或没有工具支持，内在地形成他们的计划，以无序的、非线性的方式穿梭于不同的过程空间。新手学习者缺少专家所拥有的过程知识，通常以熟悉的线性序列工作，其在领域知识和元认知策略方面的不足将影响到对学习过程的组织管理，缺乏额外工具的支持会加重学习者的认知负荷。

4. 监督与评价

监督与评价是一种元认知活动，贯穿于基于项目的在线协作学习的整个过程中，体现为学习者对学习过程和学习活动的反思，对学习过程中存在问题的诊断。如，学习者通过寻找证据评价问题解决方案和替代方案、对问题解决过程和结果进行评价与反思、对问题解决各个环节的组织安排以及对各个探究活动空间及其之间关系的安排等方面，通过监督与评价活动及时发现问题并予以改正、调整，保证学习质量。基于项目的在线协作学习的各个环节之间并非是线性的，而是存在交叉、重叠的。在线学习的交互异步性在一定程度上降低了学习黏度和连续性，影响认知建构过程的整体性和有效性。学习者认知图式的局限性导致其在学习过程中难以从宏观层面对整个问题解决过程进行审视，较难发现学习过程中的问题。

基于项目的在线协作学习是学习者个体建构和小组群体建构相互作用的过程。通过同伴交互、个体反思、建模与表征等活动，个体建构与群体建构交织在一起，相互促进，共同发展。同伴交互、个体反思、建模与表征是认知建构与发展的关键环节，也是基于项目的在线协作学习的主要活动类型，学习者在学习过程中面临的认知负荷直接体现在这三类活动中。

（1）同伴交互。

社会性交互是学习发生的重要条件，同伴交互主要包括参与辩论、分享想法、提出不同的观点来解决问题、讨论并达成群体共识，以及与他人一起创作作品。基于项目的在线协作学习的问题表征、问题解决方案的生成与论证、制品的生成与完善均是小组成员共同协作完成的，同伴交互是基于项目的在线协作学习的核心活动。同伴交互能够引发问题、创造学习的最近发展区。然而，同伴交互并不能理想化地达成这些目标。首先，同伴之间的交互并不是自发进行的，问题是交互的驱动和方向。若没有问题提示，学习者很少有意去评价其所选择的解决方案，比较可替代的解决方案并证明方案的可行性。没有问题引导，学习者容易偏离学习目标。其次，同伴之间的交互并不都是有效的。在缺乏引导和支持的情况下，同伴交互容易停留在低层次的无意义交流中，难以达到高层次的意义建构。最后，交互工具是协作学习的重要支撑，同伴在线交互的媒介选择与设计影响交互的意愿和交互效果，便利的交互工具能够提升小组交互的意愿和交互频率。同伴交互活动中学习者面临的认知负荷主要体现在以下几方面：①在顺应操作中，如果学习者认知图式之间的差异较大，则会出现顺应困难。即其他同伴的观点建议作为一种新的外部信息，难以被有效地整合到个体的认知图式中。②交互主题的不确定性不利于学习方向的保持,而维持学习方向为学习者带来额外的认知负荷。③语言表达的有效性。语言表达和认知是相关联的,因为重要的建构都是以语言符号用于交流过程(Reiser,2004)。同伴交互的过程可能需要辩论以说服同伴,接受问题和批判及提升反馈解释(Bell 等,2000; De Vries 等,2002; Driver 等,2000; Kuhn,1993)。社会交互困难将影响到交互质量,从而影响意义协商与知识建构(Reiser,2004)以及小组工作的成功(Barron,2003; Kurth 等,2002)。④保持长时间参与交互需要认知努力,因为在在线协作学习中,并不是分成小组学习者就会自然地进行协作,如果不进行干预,也许协作根本就不会发生。在持续时间较长的探究活动中,学习者很难保证持续参与社会交互。⑤在线交互工具的易用性也会影响学习者的认知负荷,如异步交互导致学习过程的不连续,重新进入交互过程激活认知也需要占用一定的认知资源。

(2)个体反思。

基于项目的学习为学习者提供对领域知识理解的机会,但并不足以确保学习者对领域知识进行反思和形成深层次的理解,学习者也可能仅仅只是增加新的想法,而不是批判和思考它们如何与已有的想法联系(斯洛塔等,2015)。基于项目的在线协作学习的探究过程需要学习者监测和评价他们的进展,重新考虑和精炼他们的计划,表述他们的理解。个人和小组通过基于回顾和自我诊断的反省活动使得他们先前的和隐性的知识更加明确,包括自己和相互之间(Scarbrough 等,2004),即进行反思。个体反思是学习者对个体认知过程和认知结果的认知,属于元认知监控活动。需要个体在认知过程中,以自己的认知活动为对象,进行自觉的监督、控制和调节。元认知监控主要包括确定认知目标、选择认知策略、控制认知操作、评价认知活动并据此调整认知目标、认知策略和认知操作等环节(李文宏,2011)。在基于项目的在线协作学习过程中,反思主要体现在问题解决过程中的评价和监测环节。评价是对学习过程中一系列产出的评判,如方案、作品等。监测是对学习过程的一种评价。学习者个体需要对问题、问题解决方案和实施过程进行反思。反思产生疑问,疑问引发新的协商、生成新的方案。

反思需要跳出活动本身,对活动过程和活动结果进行观察、思考。学习过程的复杂性导致学习者在反思和重新评价上的关注不足（Loh，2003；Loh 等，2001），而缺乏内容知识将进一步使得评价学习进展的过程复杂化。该挑战的另一方面是学习者从所处的特定问题情境中进行适当的一般化。因为学习者不仅需要构建特定情境的解决方案，而且还需要将构建结果迁移到更一般的学科框架中（Williams，1992）。

（3）建模与表征活动。

如果学习者能够创建和操纵模拟自然现象和社会现象的模型，那么他们会对这些现象有更深入的理解（Roberts 和 Barclay，1988）。学习者通过建模和使用模型进行学习（乔纳森，2003）。建模是概念性参与最强的认知过程之一，建模包括对真实世界建模和对专家解决问题过程的模拟，使策略和细节可视化（Collins，1989）。在建模过程中，学习者需要明确地表达因果推理，找出合适的元素来呈现理论或现实或将两者同时呈现。在复杂问题解决过程中，需要进行问题建模、领域知识建模和思维建模。问题建模是为问题构建一个思维空间，即由精心选择的问题要素及其相互关系组成的思维模型（Mcguinness，1986）。领域知识建模是对问题解决所涉及的领域知识及其结构进行建模。思维建模是学习者对自己的学习过程进行反省，对他们在解决问题、做出决定或完成某项任务时所使用的思维类型进行建模（乔纳森，2008）。在建模活动中，学习者面临着建模结果表征困难、知识缺乏等问题，因此需要为其提供表征工具支持和领域知识及方法知识的支撑。

学习者在建模方面往往存在以下困难：一是倾向于聚焦在表层的细节且难以看到背后结构（Chi 等，1981）；二是往往依靠直觉的理解绘制学科知识地图，而非正式地、精确地表征科学构建和代表领域工作的中介（Reif 等，1991；Sherin，2001）；三是过于快速地确定解释，而没有得到足够的评价和替代方案（Klahr，2002；Kuhn 等，1988）。在通常情况下，学习者倾向于聚焦在具体的产出上，而非更好地解释学习目标（Perkins，1998；Schauble 等，1995）。如，他们聚焦在取得预定的结果而非理解结果背后的原则，并且容易被他们需要构建的具体产出结果的表面现象所分心（Krajcik 等，1998）。在自我评价中过于自信而没有持续有效地分析他们是否理解并在理解的基础上进行建模（Chi 等，1989）。

（二）认知负荷诊断方法与工具

基于项目的在线协作学习对于学习者认知负荷的诊断主要基于学习者的学习行为和学习成果，其中学习行为包括小组交互行为（如组内讨论、组间互评）、反思行为（如笔记）以及建模行为，学习成果包括阶段性成果和总结性成果。除了教师之外，同伴和技术工具在学习的监督与评价方面也发挥了重要作用，不仅在一定程度上减轻了教师的工作量，而且有助于发挥同伴和技术的优势，在诊断过程中获取更深入的学习数据，并进行更加全面的分析。

1. 基于项目的在线协作学习诊断方法

对于不同的诊断内容，所使用的诊断方法有差异。主要有以下四种方式：①基于学习分析结果进行诊断。关于学习行为的诊断主要是对在线学习交互、在线反思的频次、各种认知活动的时序分布、交互关系的分析。对于学习行为的诊断主要采用量化的统计分析方法，包括简单的频次统计、时序分析、社会交互网络分析等，依据学习统计结果判断学习者的参与度及在小组知识建构中的位置。②基于内容的语义分析。该方法主要针对交互内容、反思内容等，学习者在学习过程中留下文本痕迹。采用语义分析技术对文本内容进行语义挖掘并形成统计分析报告。③基于评价指标的成果诊断。对于学习成果的诊断则侧重于认知活动的外化物，主要针对学习过程中产生的各种表征外化物，如学习过程中的各种阶段性成果以及问题解决方案、人工制品等。对于交互和反思，可以采用较为成熟的评价指标，如 Gunawardena 等（1997）提出的交互分析模式将知识建构分为五个阶段，分别为分享、比较信息；发现与探索观点、概念或声明方面的不一致；意义协商，共同建构知识；检验和修改被推荐共同建构；一致性陈述/应用新建构的意义。对于人工制品的诊断，一般根据其性质制定专门的评价指标，以评价表或问卷的形式进行诊断。④测试。测试是一种常用的评价工具，能够较为方便地诊断学习者的知识掌握情况。该诊断方式主要侧重于对较为低层的认知发展目标的评价，在基于项目的在线协作学习过程中应用得相对较少。

2. 基于项目的在线协作学习诊断工具

在基于项目的在线协作学习的诊断中，除了传统的教师诊断外，同伴和技术工具也发挥了较大的作用，三者之间相互配合、相互补充，对学习者的学习进行更为全面的判断。技术诊断工具通常分为三种形式：一是学习环境中具有学习诊断功能的工具，根据内置的或外部设置的规则对学习行为或内容进行分析，基于分析生成诊断报告，这类工具的功能通常较为单一，具有较强的针对性，通常是专门为诊断某一学习行为而定制开发，使用较为方便，能够及时、快速地给出反馈。二是学习诊断工具以插件的形式嵌入在线学习环境中，根据需要选择使用其中的部分功能，这类工具通常具有较为通用的功能，但是需要与在线学习环境进行整合。三是将学习行为和内容等数据导出，通过相关的统计分析工具进行整理、分析，将结果反馈到在线学习环境中供学习者和教师使用。技术工具能够提供一定的诊断结果，对于较为复杂的思考与交流活动，技术工具所提供的反馈是教师和同伴进一步干预的参考。深层次的学习诊断来自教师和同伴，诊断方式有两种：一是对学习产出进行评价，如评价人工制品；二是参与学习过程，监测学习动态，如参与小组交流和讨论活动。

第四节 小 结

本章呈现了基于项目的在线协作学习支架的理论基础，即最近发展区理论、认知负荷理论；提出了基于项目的在线协作学习支架的设计原则与依据。

最近发展区理论：首先，结合最近发展区理论分析了基于项目的在线协作学习的目标——专家技能的发展过程。专家技能是一个相对的概念，其发展是一个动态的、连续的过程，是一个从简单到复杂的循序渐进的"生长"过程。学习过程应遵循认知发展的阶段性和连续性，分解学习目标和任务，使学习者的学习始终处于最近发展区内。其次，为学习者提供必要的支架使其度过最近发展区。在保证学习者认知发展的基础上最低限度地提供学习支架。

认知负荷理论：从基于项目的在线协作学习的问题和任务的高交互性与学习者的新手特征分析学习者在基于项目的协作学习过程中所面临的认知负荷。新手学习者认知图式的复杂度和自动化程度较低，难以顺畅提取相关认知图式处理外部的信息，而问题和任务的高交互性则增加了工作记忆中所需要处理的要素个数，学习者所具有的用于认知图式建构的认知资源极为有限。在处理所需要完成的任务时形成了认知负荷。

基于项目的在线协作学习支架的设计：以降低学习者的外部认知负荷、降解内部认知负荷和适当提升相关认知负荷为原则，使学习者在有利于发展认知图式的活动中投入更多的认知资源。基于项目的在线协作学习支架的设计与提供以学习者认知负荷的诊断为依据。在学习过程中，认知负荷来源于任务高交互性、学习者认知图式不完善和在线学习环境的虚拟性和富媒体性，学习者在线学习过程中面临总体认知负荷超载且相关认知负荷不足的问题。对基于项目的在线协作学习中学习者认知负荷的诊断主要依据对在线学习行为和学习产出的评价，学习支架在对任务特点和学习者特点进行分析的基础上，以所诊断的学习者认知负荷为学习支架设计的依据。其评价方式主要有三种：基于学习行为分析结果进行诊断、基于内容的语义分析和基于评价指标的成果诊断。诊断工具有三种类型：学习环境中整合的学习诊断工具、嵌入在线学习环境的学习诊断工具以及通用的学习诊断工具。

第四章

基于项目的在线协作学习支架维度与来源

提到学习支架的来源,我们首先想到的是教师。不可否认,教师在学习支架设计与提供中具有主导地位。作为在线环境下的协作学习,技术来源学习支架是其重要组成部分,而同伴来源学习支架作为内部支架同样在学习支架体系中占重要位置。本章从基于项目的在线协作学习教学设计和过程支持两个维度对其学习支架进行了分析,在此基础上分析教师、同伴、技术三种来源的学习支架,构建三位一体的基于项目的在线协作学习支架体系。

第一节 基于项目的在线协作学习支架维度

基于项目的在线协作学习支架贯穿于学习过程所有阶段的各种活动,既包括教学方案设计,又包括对学习过程的支持。教学设计阶段的学习支架旨在降低或消除学习者的外部认知负荷,分解内部认知负荷,基于学习者群体的认知水平提供学习支架。学习过程中的支架旨在从群组或个体层面对学习者的认知活动和元认知状态进行动态诊断与干预,保持适当的认知负荷,促进学习者积极的认知建构活动。对学习的支持表现为静态和动态两种类型:一是在教学设计阶段将学习支架嵌入学习活动中,以静态的形式存在,如同伴交互(讨论、评价)的结构化、个体反思(笔记、探究日志)的模板化;二是在学习活动实施过程中的支持,体现为对学习行为的分析和对学习状态的诊断,以及在此基础上的学习干预。学习状态诊断包括学习行为分析呈现的学习状态,如交互行为状态、反思行为状态。

对学习过程的支持包括对学习活动的引导和学习活动组织与管理的支持，体现了对学习活动的认知与元认知的支持。支持有显性和隐性之分。显性支持主要是师生之间的交互，隐性支持则体现在整个学习过程中，包括学习环境的结构设计。

一、基于项目的在线协作学习设计阶段学习支架

基于项目的在线协作学习的教学设计主要是对问题、任务和活动序列的整体设计。该阶段的学习支架主要以静态支架的形式嵌入学习环境中，包括问题设计、内容设计、学习环节和认知活动空间设计以及学习过程组织与管理。

（一）问题设计

基于项目的在线协作学习始于问题，体现了问题导向，将学科教学目标转换成问题，并将领域知识的核心结构嵌入问题中。教学设计的问题通常较为宽泛，划定了一个大致的范围，具体的项目问题由学习者讨论后确定。学习问题体现了领域知识的建构目标，通常涵盖了领域的核心概念或关键概念。对于问题的设计，需要注意以下两点：一是问题的劣构性，二是问题的情境化。劣构性增加问题解决过程中的认知活动的复杂性，使学习者有更多的认知处理过程。另外，劣构性也增加了认知资源的投入度，过度投入认知资源则形成认知负荷。情境化旨在为学习者建立问题与其已有认知图式之间的连接提供必要的支持。当学习者的认知图式中包含的相关概念的情境较丰富时，少量的情境信息即可激活已有认知图式，实现已有认知图式与信息的关联。反之，则需要较为丰富的问题情境信息。因此，对于问题的设计，应当基于学习者群体在已有领域中所掌握的概念体系的情况，提供学习者经验范围内的适量情境信息，一方面，使之与学习者已有认知图式中的知识概念建立联系，产生认知冲突，同时还能避免多余信息的干扰，以免非必要的认知活动占用过量的认知资源。另一方面，基于最近发展区设置课程或活动的目标，使通过学习所要掌握的概念具有适当的难度，需要学习者投入一定的认知活动方可掌握。

（二）内容设计

基于项目的在线协作学习的最终目标是使学习者通过问题解决获得领域专家技能，专家技能表现为所拥有的领域知识及在获取领域知识过程中所进行的认知加工活动，也即将知识习得整合到解决问题的实践活动中。解决问题所需要完

成的任务与领域知识的一个或多个知识点有直接或间接的联系。学习内容则是学习者认知加工活动的主要资源，通过同化或顺应实现学习内容与已有认知图式的相互作用，进而整合学习内容到已有认知图式中。知识整合有三种表现，一是将领域知识的核心概念嵌入基于项目的在线协作学习的驱动问题中；二是以内容的形式嵌入相关的任务中，用于学习者活动的参考；三是融入教师对学习活动的指导中，主要体现为在同伴交互与反思活动中的引导和暗示下将知识整合到问题中。学习内容的设计应具有针对性和渐进性。所谓针对性，是指在学习者解决问题的各个环节，根据需要提供相关的知识点内容。渐进性则体现为知识之间的相互联系，根据逻辑关系和难易程度设置其先后顺序。基于项目的在线协作学习具有跨学科的性质，在内容组织方面强调知识之间的连续性和连贯性。在内容的呈现形式方面，则不应局限于经过提炼的知识点内容，而应以多种表现形式呈现，如以案例方式呈现，为学习者提供模仿对象。

（三）学习环节和认知活动空间设计

问题解决体现了认知活动的连续性、循序渐进性，一般可划分为问题表征、问题解决方案生成与论证、方案实施等环节以及监督与评价活动（Ge 和 Land，2003）。有序安排问题解决过程的各个环节，能够分解学习过程，使其聚焦学习活动，关注核心任务。同时，在各个环节嵌入所需要的学习活动，可以使学习者具有结构化的学习空间。减少学习过程组织所占用的认知资源。所提供的认知活动工具主要用于支撑学习过程中的同伴交互、个体反思和建模三类认知活动。对于同伴交互，一般提供讨论区、实时交互工具、评价工具，讨论区主要用于组内异步交互，实时交互工具则通常以在线视频或语音聊天的方式；评价工具主要用于组间互评和组内互评，具有根据一定的规则为学习者分配评价对象、设置评价指标以及统计评价结果的功能。个体反思工具，多以笔记的形式出现，用于学习者随时记录个人对学习阶段成果、学习过程的思考。表征工具更多的是对作品制作过程中所进行的建模活动的外化，可以采用制图工具或者文字编辑工具的形式，表征工具突出了可编辑性（如 Wiki），有助于学习者对学习成果的不断完善。认知活动空间支架使学习过程和思维结果可视化，有助于反思；同时还提供向他人学习的工具和环境，以促进相互之间的学习。

（四）学习过程组织与管理

对学习过程的组织与管理体现为各学习环节中的任务安排，学习过程的调节、学习活动的组织等方面。如任务的分解，问题表征阶段的头脑风暴活动，问题解决方案的论证与修改活动、学习成果的评价与反思互动等。任务的分解体现了各子任务对应的领域知识之间的逻辑性及内在联系，为学习的循序渐进提供支持。在基于项目的在线协作学习中体现为工作分解结构模板、活动清单模板和项目状态报告模板的设置（Van Rooij，2009）。①工作分解结构模板将任务自上而下地分解为具体的工作包，以图解描述的方式将综合的任务转换为具体的子任务，使得小组更好地管理项目范围、成员时间，并确保不遗漏任务。②活动清单模板则为项目的计划和执行管理提供支持。对工作分解结构中的每个要素，列出对应的活动、负责人、完成日期、完成状态标注以及对学习活动的支持工具。学习活动支持主要体现为对交互、反思与表征的支持。对交互的支持主要指通过提供异步自由讨论、评价/评论/反馈工具、实时聊天工具，促进学习者交换、分享观点与想法，讨论与辩论，促进意义协商与知识建构。反思支持则通过提供新旧工作的比较和修改工具支持对先前工作过程和产出的评价，并进行认知的修正，重新建模。表征支持体现在提供多种表征工具、为学习表征知识和技能提供支持，使其在认知方面受益。③项目状态报告模板用于提供执行任务的工具，监测和控制任务完成状态。该模板提供了任务的当前状态（进行中或未开始）、任务完成的数量和百分比、工作范围的改变、里程碑日期、项目风险及其发生的可能性、全部项目状态和计划完成的里程碑（Van Rooij，2009）。另外，人工制品形象直观地展现了学习的过程和结果，为学习者提供了模仿对象，方便其进行对比分析。

二、基于项目的在线协作学习过程中的学习支架

在基于项目的学习过程中，需要监测、评价学习者群组及个人的学习进程，及时发现存在的问题并给予反馈和指导；同时，也需要帮助学习者暴露学习过程中的不足之处。对学习过程的支持主要是对各类学习活动的动态支持，具体包括对学习者认知和元认知的诊断，并基于对当前状态的评价和诊断，有针对性地提供学习干预。

(一）学习过程诊断

对学习过程的诊断结果是进行认知干预的基础。基于项目的在线协作学习过程诊断内容包括认知和元认知行为是否发生及其认知深度，对认知行为的诊断体现为对基于项目的在线协作学习的学习者在线参与同伴交互、个体反思和建模行为进行统计分析，统计分析主要是对参与度的统计，如参与同伴交互的频率、时序、社会交互网络等。对认知深度的诊断旨在评价学习者知识建构的层次，主要通过对学习者在线交互、反思和建模质量的形成性评价来完成，如使用一定的内容建构量表评价交互内容和反思内容等。

多种主体参与的评价是一种重要的监测学习过程的方式。因此，在学习过程中产生的形成性评价是调整教学的关键。形成性评价具有肯定目前表现和诊断存在问题的双重功能，通常以教师评价、同伴评价和自我评价的形式展开。基于项目的在线协作学习强调学习者的自主学习和积极建构，而发现问题是学习监测能力的重要体现。自我评价强调帮助学习者提高监测他们自己的理解能力，以及当需要时发现资源并将其内化。同时还包括学习者通过测试检验他们的表现，并在需要时修改他们自己的学习过程。没有这些评价机会，学习质量可能是令人失望的，而这要到项目结束时才会被发现，此时对于改变和修改过程来说已经太晚了。为一个具有开放结果的项目提供学习支架，最重要的方式是帮助学生和教师持续地反思如何使他们当前的活动与项目的整个目标相关和为何他们当前的活动与项目的整个目标相关（Barron，1998）。修改是学习和成长的重要组成部分，如围绕学习者完成的作品进行评价、反馈和修改，同时，与自己的作品进行对比分析。学习过程的很多支架是为了促进形成性评价（Barron，1998）而存在的。例如，呈现学习者的交互质量、提示学习者进行评价/评论、以问题策略的形式暗示学习者反思等。

(二）学习过程干预

对学习者认知行为的干预主要目的在于促使其发生，使学习者的表现更接近专家的表现。干预通过交互式系统进行及时的反馈（Laffey，1998），包括问题引导、改进建议、提供暗示、鼓励、提供提醒及诊断问题（Collins 等，1989）。反馈可以发生在特定事件之前（演绎的）或之后（归纳的），但需要具有及时性（Laffey，1998）。

学习过程的动态干预涉及两个方面：学习行为和学习行为的质量。对学习行为的干预主要在于促使其发生，而对于学习行为内容的干预则侧重于保持学习方向、提升学习质量方面。因此，应尽可能地提供有助于学习行为发生的工具和策略。在学习工具提供方面，技术环境具有得天独厚的优势。例如，根据统计分析结果给出提示、提醒、通知，如提醒学习者参与讨论、提醒学习者评价制品等，通常由技术自动提供，或者由教师手动提供。

对于学习者认知深度的干预旨在保持学习方向、促进深层次的认知和元认知活动，主要由教师和同伴来提供支架。在提供高级形式的策略支架方面教师具有独特的优势。教师能够观察学习者相互之间作品的评论和讨论，当不相关的讨论可能出现或讨论可能停止时及时干预，有助于保证学习的持续性和质量。同时，教师的参与有助于指导学习者掌握自我导向的学习方法（Chan Lin，2008）。教师的干预体现在以下几个方面：①同伴交互，根据学习者参与在线讨论的内容提供提示或引导性问题，确保讨论围绕主题进行。②反思活动，根据学习者在线反思结果指出其认知方面的不足以及问题解决策略、认知加工策略的不当性，提供建议或引导问题。③建模活动，对学习者在线提交人工制品的完善程度进行评价并提出优化建议。Wood 等（1976）认为，问题解决过程指导的有效性不仅依赖于指导者和被指导者随着时间修改他们的行为以适合要求和/或他人的建议。有效的指导者必须至少具有两个理论模型。其中一个是任务或问题及如何完成的理论；另一个是被指导者的表现特征。若没有这两个，则既不能够生成反馈，也不能确定在任务的掌握上哪种情境中他的反馈将更适合。有效教学的模式，将是任务和被指导者相互依赖，教学干预生成于指导者的两个理论的相互作用。学习过程不仅是个体的独立探究，同伴的参与和任务的进展都需要学习者积极地投入学习活动中，形成有效的互动和及时的反思。在在线学习环境中，学习者之间在空间上通常处于隔离状态，学习活动异步进行，促进学习行为的发生有助于维持学习活动的持续进行。同伴的干预主要体现在以下几个方面：①头脑风暴，组内成员针对问题解决思路和实施方案进行讨论，提出个人观点。②参与同伴交互，对互动内容进行反思，提出新的见解。③对个人或小组制品进行评论，提出改进建议。

第二节 基于项目的在线协作学习支架来源

基于项目的在线协作学习支架的形式较为多样,但其来源主要有教师,更有知识的同伴和技术。其中,教师来源学习支架和技术来源学习支架属于外部支架,同伴来源学习支架属于内部支架,教师在技术来源学习支架的设计和同伴来源学习支架作用的发挥方面具有控制、引导作用。另外,教师和同伴支架来自具有专家思考和复杂交流能力的人,而技术支架则体现了较强的规则性。三种来源的支架各有侧重,相互配合,整合成一个有机的学习支架体系。

一、教师来源学习支架

基于项目的在线协作学习是一个以学生为中心、以探究为基础的过程,学生只有将全部精力投入项目中时才会取得成功;教师必须致力于将内容和技能融合起来。也就是说,基于项目的在线协作学习强调学习者自主解决问题并生成人工制品,这并不意味着教师角色作用的弱化。在学习过程中,师生之间的互动是一种"弱架构"的关系,学习者对学习的控制权有所提升,但是教师的主导地位仍然不能被取代。教师始终是基于项目的在线协作学习支架的主要来源,教师不仅在实施因材施教、引领学习者认知发展的过程中起着主导作用,同时要激励学生,让他们组成各个高效配合的团队,并教会他们如何管理自己的学习过程。在基于项目的在线协作学习中,教师既是学习支架的设计者,也是学习支架的提供者。

(一)学习支架的设计

教师对学习支架的设计,体现在教学设计阶段和学习过程中。在教学设计阶段,教师需要从学科教学目标和学习者的学习准备方面设计活动目标、项目问题与任务,在此基础上合理安排技术来源学习支架,分解学习任务、结构化学习过程,以最佳的顺序和时机安排认知任务和认知工具。教师来源学习支架主要集中在问题设计、学习需求分析、目标设置、任务分解、活动序列和活动空间设计、引导认知活动的结构性模板设计以及典型案例的提供等方面。在学习过程中,教师对学习支架的设计主要体现在对技术学习支架的控制和对同伴学习支架的引导两个方面。

(二)学习支架的提供

教师作为学习支架的提供者,其作用更多地体现在学习过程中对学习状态的动态监控与干预方面。教师要探明学习者在面对新经验和新认知活动时的学习愿望和准备程度,然后对学习者处理信息的过程进行监控,再使用适当的启发性问题对其予以引导(乔伊斯等,2014)。

1. 学习诊断

对学习者学习状态的诊断以及在诊断基础上提供的干预更多地体现了专业思考和复杂交流的特点。众所周知,教师来源学习支架的重点在于"长善救失"。对于学习活动来说,什么是"失"?所谓的"失"体现在学习者认知的多、寡、易、止(学者有四失,或失则多,或失则寡,或失则易,或失则止[①])方面。具体来说,学习过程中的不足之处体现在以下四个方面,一是因学的过多而不求甚解,二是学的过少而疏忽,三是学的内容太过简单而无须一定量的认知活动,四是学的内容过于复杂而导致认知负荷过重,使学习停滞不前。这些都是教师应该要了解的。也就是说,学习任务过多、过难则超出了学习者的最近发展区上限,将带来较重的认知负荷;学习任务过少、过易则低于学习者的最近发展区下限,难以引发学习者积极的认知活动。对于这四种情况,教师应能够及时诊断出来。

在基于项目的在线协作学习过程中,教师对学习状态的诊断包括对学习小组整体学习进展的诊断和对学习者个人认知建构过程的判断。对于协作学习小组的学习诊断,主要依据其任务完成状况,而最能体现其任务完成状况的是小组作品,通过作品可以判断小组协作建构是否达到预期目标及其存在的不足之处。对于个体学习者,一方面,可以参考小组作品的质量,包括阶段性成果和总结性成果;另一方面,小组交互、个体反思和建模的行为及内容也是诊断学习者认知情况的重要依据。对于小组交互,依据其参与的频次、交互的对象以及交互内容所体现的知识建构层次进行诊断;对于个体反思,则主要通过反思过程和反思结果的记录评价其发生频次和反思深度;对于建模的诊断同样体现为建模行为和建模质

---

① 出自《礼记·学记》。

量,即在人工制品制作过程中的参与程度和贡献度,如使用 Wiki 编辑研究报告的频率及其所编辑内容的质量。

2. 学习干预

对学习者学习状况的诊断有助于教师更好地了解学生,发现学习者所进行的认知活动的量和时机是否适当,即认知任务是否具有一定的复杂性和激励性。在此基础上对学习者的"失"给予适当的启发、引导,使学习者维持学习方向,即"善喻"(《礼记·学记》中有云"君子之教,喻也;道而弗牵,强而弗抑,开而弗达。道而弗牵则和,强而弗牵则易,开而弗达则思。和易以思,可谓善喻矣")。在基于项目的在线协作学习中,主要体现为以下几个方面:在小组协作完成人工制品的过程中给予修改建议反馈,引导其修改完善人工制品;在同伴交互过程中发现不相关的讨论可能出现或讨论可能停止时给予适当的反馈,或提供信息和陈述以扩展讨论,或提供新的思考;对学习者反思笔记中出现的问题予以启发;对学习者提出问题的反馈,对学习者提问的答疑支持,最好的回应方式也是引导,当教师成为"旁边的引导者"时,有助于学习者深层次的反思,从而促进学习(斯洛塔和林,2015)。

在基于项目的在线协作学习过程中何时提供干预和提供多少干预给学习者?教师在学习者执行任务时提供学习支架的前提条件是,如果不提供支持学习者可能无法完成任务或解决问题(Van de Pol,2010)。因此,教师干预应在学习者努力思考所遇到的问题并设法解决学习障碍而没有成功时提供,即所谓的"不愤不启,不悱不发"[①]。强调启发的时机应在学生有所思、有所惑,但又百思不得其解的时候再去点拨他。从干预的量方面来说,通常认为应刚好满足学习者的需要,过多,则剥夺了其认知活动的机会;过少,则影响其进一步学习。通常根据学习活动进行到的阶段和学习者的认知状态来决定干预的量,在学习开始阶段,应给予较多的干预,随着学习的逐步进行,逐渐减少。对于学习进展较顺利的学习者,尽量提供较少的干预或者不提供干预,而对于有困难的学习者,则根据需要适量提供干预。这也体现了学习支架的灵活性,即随学习的进展程度而随

---

① 引自《论语》。

时变化或退出。在理想情况下，支架与学习形成了一种耦合状态，使学习始终在最近发展区内稳步进行。《礼记》中提到"善问者如攻坚木，先其易者，后其节目，及其久也，相说以解。……善待问者如撞钟，叩之以小者则小鸣，叩之以大者则大鸣，待其从容，然后尽其声"。即是说在教学过程中，既要会问，又要会回答别人的问题。在回答别人的提问时应根据学习者所问问题的难易给予适度的回答。回答过之或不及都不是最好的教学。Lepper 等（1993）指出，指导教师应调节他们的支持到难度合适的水平。指导教师需要在引出学习者积极参与问题解决和提供足够的支持以防止挫折之间寻找平衡。提供过多的帮助将移除富有成效的复杂性或阻止那些提供学习机会的错误（Lepper 等，1993；Merrill 等，1995）。学习支架量的变化正是体现了学习支架对学习者的引导、启发作用。

二、同伴来源学习支架

认知在社会维度分布于社会环境中的其他个体身上（Karasavvidis，2002）。同伴将成为学习者认知发展的重要支架，是反馈的最佳来源。一方面，同伴之间在领域知识和能力方面的差异能够使其互为他人的学习支架；另一方面，同伴之间的差异将引起冲突，冲突的消除需要协商，通过协商共同建构知识。在基于项目的在线协作学习中，小组成员之间在领域知识掌握方面的相似性以及认知图式的多样性是形成学习支架的重要条件。同伴的知识结构差别不是很大，所暴露出的认知冲突以及引发的认知活动通常都在学习者的最近发展区内，更符合认知发展的连续性规律。同伴交互时，不平衡现象将会出现，不一致的知识、对立的看法和想法将会暴露，并且不充分的逻辑推理和策略将受到挑战（皮亚杰，1981），这将促使学习者重组当前的知识结构，以获得更高的绩效和更多的解释图式（King，1989），从而实现更高程度的综合。基于项目的在线协作学习的同伴来源学习支架主要体现在学习过程中，是一种动态支架，主要形式包括同伴讨论和同伴互评。

（一）同伴讨论

基于项目的在线协作学习以小组成员协作的形式展开，在小组共同完成人工制品的过程中，小组成员需要不断协商、达成共识，再共同完成意义建构。这一过程体现在问题表征、问题解决方案的生成与论证、问题解决方案实施以及问题解决过程中的监督与评价等环节。在这个过程中，学习者最常用的交流方式就是小组内部的讨论。通过讨论，不同学习者的观点得以呈现，观点差异得以突显。例如，在问题表征阶段，小组成员各自结合自己的经验解读问题，建立问题情境与已有经验之间的连接，利用认知图式重构问题空间。在这个过程中，由于学习者已有学习准备、知识背景等方面的差异，其所呈现的问题表征结果将具有较大的差异性，在这个阶段，往往采用头脑风暴的形式，让小组成员尽可能多地呈现不同的观点。不同观点之间的碰撞必然会引起学习者的认知冲突。同伴的提问使学习者参与到更多的问题解决和知识建构的解释和推理中（King，1991；King和 Rosenshine，1993），学习者在同伴的反馈中发现他人面临的困难以及如何看待同样的问题（Collins，1988），为学习者提供了教师模型。通过讨论，学习者能够澄清概念、重组思考，并对材料重新概念化（Webb，1982；Webb，1989），这有助于缄默知识外显化，即从特定的情境知识转换为一般化知识。

（二）同伴互评

在基于项目的在线协作学习过程中，同伴互评是一种重要的学习与反馈手段，尤其是学习过程中的阶段性互评，对学习的改善作用更为突出。在阶段性互评中，同伴互评的对象一般是人工制品。人工制品是小组成员认知活动的物化形式，体现了小组成员对问题的理解与解决。对人工制品进行评价是学习者与物质维度认知之间的交互，引起学习者对他组人工制品与本组人工制品的对比，在对比过程中更容易发现相异之处，从而引发新的认知冲突。一方面，他组的人工制品为学习者提供了模仿对象。人工制品的具体化和可视化为学习者提供了最直接的模仿对象和评论的锚点，使其注意到同一概念的不同方面，促进其完善、调整自身的知识结构，为认知提出新的发展空间。另一方面，对他组人工制品的评论需要学习者的高阶思维的参与。使用互评策略能够帮助巩固、加强、深化评价主体的理解（Topping，1998），促进学习者的批判性思维和元认知技能（Hou 等，2007）的发展。

三、技术来源学习支架

技术来源的学习支架较多的具有静态性和规则性，主要体现为各种学习工具及其组合以及学习过程管理工具，为学习者创建静态的学习过程空间，更多地体现了技术作为工具的一般属性。随着大数据分析和人工智能技术的发展，技术在学习过程中全面渗透，技术来源的学习支架在学习过程中的作用逐步凸显，越来越多地替代教师的工作。同时，技术来源学习支架为教师来源学习支架和同伴来源学习支架作用的发挥提供支持。技术使教师更容易对学习者的思考给予反馈，而计算机网络能够支持学习者小组主动投入学习并进行反思（布兰思福特等，2013）。

（一）学习空间设置中的技术来源学习支架

技术支架在基于项目的在线协作学习的空间设置方面具有独特的优势。在基于项目的在线协作学习设计阶段，技术来源学习支架主要体现在项目的任务分解、学习环节安排和认知空间的设置以及各种学习工具的嵌入方面。对于学习空间的设置包括以下几个方面：①按照问题解决的流程设置各环节的学习空间和路径，将同伴交互、反思、建模等工具嵌入学习过程的各个环节，也即学习硬环境的搭建。如问题表征阶段的头脑风暴工具和学习目标可视化工具、问题解决方案生成与论证阶段的方案呈现工具、问题解决阶段的实施计划制作工具，以及贯穿于各个环节的同伴交互、反思和表征工具。②对具体的学习过程设置支架，主要表现在根据事先确定的规则所嵌入的通知、提醒、反馈等内容方面。技术所提供的教学设计支架在一定程度上降低了问题的复杂程度，问题被具体化为任务。当任务被分解为活动及其序列时，则更具有可操作性。

（二）学习过程中的技术来源学习支架

基于项目的在线协作学习过程中的技术来源的学习支架具有更强的动态性和智能性，由于技术来源的学习支架的基础是规则，对于简单规则的技术来源学习支架，则具有较大的确定性，较多地体现为对学习行为的统计分析以及对学习过程的提醒。对于学习行为的统计分析，技术具有得天独厚的优势，如学习者学习行为的时序分布、学习者之间的交互网络等。对于复杂规则的技术来源学习支架，则体现出了更强的智能性，较多地体现为基于语义分析技术对认知活动内容的判断以及基于自学习能力对学习过程的适应，在一定程度上能够替代教师的一部分工作，通常与教师支架结合起来使用。无论是哪种类型的技术支架，其反馈的及时性和呈现的可视化都是另一个突出特色。对分析结果的及时反馈方便学习者掌握自己的学习状态，可视化的呈现方式增加了反馈结果的易读性。

第三节 教师、同伴、技术支架之间的关系

基于项目的在线协作学习支架体系（图4-1）整合了多种学习支架策略。学习支架策略的来源不局限于某种类型，如人（教师、同伴）或技术，而是强调多种来源学习支架的整合。其中，技术来源的学习支架是基础、同伴来源的学习支架是主体、教师来源的学习支架是主导，三种来源的支架优势互补、相互融合。

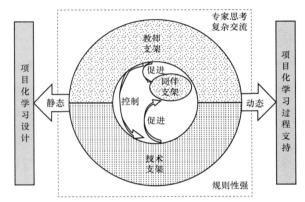

图4-1 基于项目的在线协作学习支架体系（李梅，2019）

一、技术来源的学习支架是基础

技术来源学习支架为教师的"教"和学生的"学"提供了基本支持。技术为基于项目的在线协作学习的实施提供了丰富的工具集，利用技术设计活动空间、提供活动状态反馈，其优势在于构建结构化的学习空间并提供规则性较强（Levy 和 Murnane，2012）的学习过程支持，降低与学习目标达成所需要的认知投入以外的认知资源消耗。对于教师的"教"，技术提供了学习空间设置和学习路径规划工具，教学过程中的通知、提醒、提示以及对于学习的自动反馈；对于学生的"学"，技术提供认知工具，如在线交互工具、反思笔记、各种形式的建模工具，以及学习状态的诊断分析工具。技术来源的学习支架通常以静态支架为主，动态支架为辅，由教师设计并将其嵌入学习过程。其功能、作用的体现与发挥主要取决于教师的教学设计。

二、同伴来源的学习支架是主体

同伴是基于项目的在线协作学习的重要资源,是一种重要的内部支架。同伴之间的交互比较容易引发认知冲突,从而成为认知发展的动力。同时,同伴之间一般具有较为接近的领域知识储备,更容易形成认知上的最近发展区。然而,即使有了交互的条件,也未必导致交互的发生以及认知的发展,在缺少交互规则和结构设计的情况下,基于项目的在线协作学习中的同伴交互是不充分的,且难以持续。同伴来源学习支架能否发挥作用取决于学习者之间的交互是否成功以及教师对交互过程的指导是否到位,如交互问题的引导、交互方向的保持以及交互效果的提升。另外,对于基于项目的在线协作学习,其交互一般是在网络环境下进行的,而技术工具的支持是同伴交互的基础。一方面,技术为同伴交互提供空间,如讨论区、论坛、头脑风暴工具等;另一方面,对交互过程的分析是学习反馈的重要来源。技术如何对学习过程形成更好的支持,取决于教师在教学设计中如何应用技术来源的学习支架;同时,技术来源学习支架作用的发挥需要人的配合。人的能动性有助于技术来源的学习支架作用的最大化。

三、教师来源的学习支架是主导

教师来源学习支架主要用于引导学习者的学习活动,激发认知冲突、整合领域知识,使学习者的学习活动朝向预计的目标发展。基于项目的在线协作学习中,尽管技术来源学习支架能够在一定程度上替代教师的一部分工作,减轻教师的负担,促进学习者的协作努力,但是教学是一项十分复杂的智力活动,以规则和推理为基础的人工智能技术尚且不足以提供具有人类教师教学水平的"智能化"教学。因此,对于基于项目的在线协作学习外部干预的控制,教师起到决定性作用,教师控制着技术来源学习支架的使用。教师需要设置学习目标,协调教学内容、学习者差异、教学方法和学习环境设计等教学涉及的各个因素(张剑平、陈仕品,2010)。同伴来源学习支架作用的发挥并非自然形成,没有教师的指导,容易导致交互质量低、交互偏离学习目标等问题。利用教师来源学习支架设计活动规则、评价交互质量以及引导交互方向是提升交互质量的重要条件。教师应对基于项目的在线协作学习的关键环节进行设计，并在学习过程中对学习者进行指导。与此同时，在基于项目的在线协作学习过程中监测学习者的学习状态、提供学习支持，促进学习者同伴之间的相互学习都需要教师的全面参与。

四、三种来源的学习支架相互融合

基于项目的在线协作学习中不同来源的学习支架是一种相辅相成的关系，其中同伴来源学习支架是内部支架，以动态支架的形式在学习过程中发挥作用；教师来源学习支架和技术来源学习支架是外部支架，一方面，以静态支架的形式嵌入基于项目的在线协作学习设计中；另一方面，以动态支架的形式为基于项目的在线协作学习过程提供支持，共同促进同伴来源学习支架发挥作用。三种来源的学习支架优势互补、相互融合。

第四节 基于项目的在线协作学习支架体系

结合上文对基于项目的在线协作学习支架的两个维度和三种来源的分析，本研究构建了覆盖教学设计与学习过程、整合教师、同伴、技术三种来源支架的基于项目的在线协作学习支架体系模型（图4-2），从教学设计和学习活动实施两个方面分析了三种来源学习支架及其之间的关系。

一、教学设计阶段的学习支架

在教学设计阶段，学习支架主要是以静态支架的形式嵌入在线学习环境中。教师借助技术工具构建基于项目的在线协作学习环境，在线学习环境整合了技术来源的学习支架和教师来源的学习支架，同伴来源的学习支架在这个阶段尚未涉及，同伴群体仅作为教学对象和学习活动主体被分析。

在线学习环境中各种学习支架的嵌入体现了教师的教学设计思想和领域知识学习方案的设计思路。目标、问题、内容、任务、活动的设计是教学设计的核心内容，学习目标通过问题解决过程实现，因此，问题中嵌入了领域知识的核心概念以及各类思维活动的过程，问题的解决将被转换成具体的学习任务，学习任务承载着领域知识内容,学习任务分解体现了领域知识内容之间的逻辑关系,学习任务的完成体现为多种学习活动及其构成的学习活动序列。学习内容和学习活动的设计旨在提高学习者的学习针对性,降低学习者的外在认知负荷,降解问题空间,使任务具有更强的可操作性。如,对于协作学习中的小组讨论,教师应设计在线讨论规则和方法以提升讨论质量(Hou,2007)。

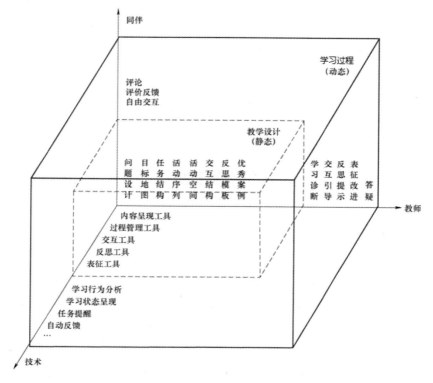

图 4-2 基于项目的在线协作学习支架体系模型

技术作为一种中性的工具,在教学设计阶段更多地用于可视化学习目标、任务和过程,以及提供学习活动规则和学习活动过程的结构和模板,将教学设计方案转化为在线学习环境,形成贯穿基于项目的在线协作学习全过程,覆盖学习活动各个方面的立体化学习空间。在教学设计阶段,技术来源的学习支架主要有内容呈现工具、过程管理工具、交互工具、反思工具、表征工具等。

二、学习过程中的学习支架

学习过程是教学设计方案的实施阶段，在该阶段，教师、同伴和技术三种来源的学习支架形成一个有机整体支持学习活动。教师和技术来源的学习支架为外部学习支架，为学习活动提供直接的支持；同伴来源的学习支架属于内部学习支架，在外部学习支架的影响下，更好地发挥作用。

技术支架和教师支架都属于外部学习支架，但是在基于项目的在线协作学习过程中，两者的作用各有侧重。技术支架侧重于规则性较强的学习行为分析、学习状态诊断以及学习干预的提供。如，基于学习者的学习行为分析其参与学习活动情况、反馈学习状态数据、提醒学习者参与学习活动等。教师支架的作用同样体现在学习诊断与学习干预方面，然而，教师较多地基于学习者的具体学习活动和学习过程中生成的阶段性成果以及参考技术提供的学习分析结果对学习进行诊断；其干预较多以人际互动的形式施加，如通过暗示、问题引导等提供有针对性的建议，具有动态性和适当性的特点。同伴支架属于内部学习支架，在学习过程中，同伴作为学习的主体以及他人学习活动的参与者，相互之间的互动所引起的认知冲突有利于学习者进行反思，并不断调整表征结果，是学习发生的内部动力。同伴支架较多以评论、评价反馈、自由交互的形式存在。

在学习过程中，三种来源的学习支架协同作用。在学习过程，应充分调动和发挥学习者的主动性，赋予其较大的学习控制权。然而，积极的认知活动的发生需要外部支持，因为仅仅为学习者提供交互的条件，未必导致同伴交互的发生以及协商建构知识的行为，对活动规则的设计、状态的诊断以及提示、引导是保证交互质量的必要学习支架。这为教师和技术发挥学习支架作用提供了空间。教师和技术应及时对在线学习行为、学习者特点、知识建构质量进行分析判断，同时应注重利用多种主体参与的形成性评价监测学习状态。在此基础上，利用暗示、提醒、提示、问题引导等方式施加学习干预，引发学习者思考，维持学习方向。

三、各种学习支架协同作用

基于项目的在线协作学习支架在纵向贯穿于教学设计阶段和学习活动实施

阶段，具有内在的一致性和逻辑性；在横向则体现为教师、技术、同伴三种来源学习支架的相互配合、协同作用，教师在学习支架设计和提供过程中起主导作用。

从教学的整个过程来看，学习支架包括教学设计阶段的静态学习支架和学习过程中的动态学习支架。教师从整体上对学习支架进行全面设计，在宏观课程层面，教师依据选课学生的平均水平和学习整体进度为教学各环节设计并提供支架；在中观小组协作学习层面，教师基于学习活动进展为协作学习小组设计并提供学习支架；在微观学习者个体层面，教师针对学习者个体在学习过程中的表现有针对性地为其提供学习支架。从基于项目的在线学习活动过程中来看，基于项目的在线协作学习是一个"提出问题、小组探究、完成任务"的完整过程。学习支架贯穿于小组协作学习的整个过程，并融入各个活动中。从纵向维度，学习支架贯穿于学习的各个阶段，主要体现为问题支架、过程支架、资源支架、评价支架等。从横向维度，学习支架主要体现在学习者的个人探究、小组协商、成果表征等活动中。

在整个教学过程中，各种来源的学习支架优势互补、相互融合。其中，教师支架是主导，是学习支架的灵魂。在技术如此发达的今天，自动化、智能化、自适应学习给了教育者和受教育者无限的憧憬，但技术毕竟不具备人脑所特有的创造的无限可能性，而且也缺乏根据学习者反馈而灵活调整的特性，技术支持的学习至今没有提供复杂认知任务中如何对学习者需求的诊断评价进行响应的知识。过分依赖于技术必然将最具生命力的教育引向僵化、机械化、异化的死亡之路。Levy 等（2012）认为，计算机及网络扩展了人类的思维空间，然而其所能够替代的活动在较大程度上依赖于规则，通过推理实现，对于专家思考和复杂交流等思维活动则必须由人脑来完成。专家思考不仅需要图式识别，而且需要具有策略选择的元认知能力。复杂的交流以共同的理解、相互信任和共同的目标为基础，而理解、信任的建立需要交互双方以多种方式表征、传达信息。这些是计算机所无法完全取代的。Reiser（2004）认为，工具能够支持学习者的条件与专家教师调整建议评价个体学习者的状态有明显的区别。动态评价是学习支架系统的关键组成部分（Wood 等，1976；Pea，2004），但是相关研究较少。张剑平等（2010）认为，教学是一项非常复杂的智力活动，以规则和推理为基础的人工智能技术目前还无法达到人类教师教学水平的"智能化"。因此，在教育过程中，教师的地位是无可取代的，人际交互仍然是教育的本质所在。在基于项目的在线协作学习中，教师应参与到学习者学习过程中指导和帮助学习者。技术应该从支持学习者学习的角度，为学习者提供适合其认知特征的知识表征工具、反思工具以及协作交流工具，分析学习者的学习记录，为学习者提供导航和学习建议。即整合各种类型的学习支架，人和技术一起帮助学习者学习。特定的支架活动由教师（或同伴）负责，其他学习支架活动由软件提供。虽然软件不能对学习者进行评价，也不能自行提供使其可以适应的学习支架，但教师完全可以做评价的工作然后负责将其转换成软件所能提供的学习支架类型。因此，一部分学习支架嵌入软件中，以学习环境的形式存在，在活动过程中将学习者与其表现关联起来（Pea，2004），如项目过程模块，活动结构，交互、表征和反思工具。另一部分学习支架则主要由人际互动完成，包括同伴互动和师生互动。

第五节 小 结

本章从基于项目的在线协作学习教学设计和学习过程支持两个维度，探索教师、同伴、技术三种来源的学习支架及其相互之间的关系。基于项目的在线协作学习中问题的劣构性、复杂性、动态性和学习者作为新手在领域知识、学科策略等方面的欠缺，使其在学习过程中面临认知负荷，需要提供学习支架以降低认知负荷、促进积极的认知活动，一方面，使学习问题在学生的最近发展区之内；另一方面，通过引起认知冲突、提供新的信息引起学生的认知活动的方式建立新旧信息之间的关联。基于项目的在线学习环境不仅停留在技术工具和资源的提供方面，还应强调教学活动的设计以及学习过程中的状态诊断和干预。

基于项目的在线协作学习支架体现在基于项目的在线协作学习的教学设计和学习过程中，静态支架与动态支架相结合，整合来源于教师、同伴、技术三种学习支架。技术主要提供规则性较强的学习支架，教师和同伴则侧重于从复杂交流和专家思考方面提供学习支架。教师在技术支架的应用和同伴支架作用的发挥方面起决定作用和主要作用。基于项目的在线协作学习应整合教师、技术两种外部学习支架和同伴这一内部学习支架,三种来源的支架相互补充且实现了有机统一,形成了以教师为主导、同伴为主体、技术为辅助的基于项目的在线协作学习支架体系。以技术来源的学习支架为基础,创设学习过程结构和认知空间,提供规则性较强的学习支架功能,最大限度地降低了学习者的认知负荷程度,减轻了教师的负担;以教师来源的学习支架为主导,教师掌控技术支架的应用并参与学习者的学习过程,引导学习者进行学习活动,同时也可激发同伴来源的学习支架的内部驱动作用。

第五章

基于项目的在线协作学习支架策略

在基于项目的在线协作学习中,应该为学习者提供什么样的学习支架?如何提供学习支架?本章以基于项目的在线协作学习的问题解决过程的四个环节为线索,以学习者在三种认知活动中所面临的认知负荷为依据,结合基于项目的在线协作学习的三种学习支架来源,提出基于项目的在线协作学习的支架策略,分别是结构化学习支架策略、问题化学习支架策略、模型化学习支架策略、知识化学习支架策略,如图 5-1 所示。

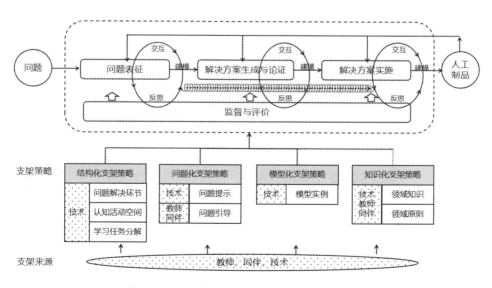

图 5-1 基于项目的在线协作学习支架策略(李梅,葛文双,2021)

这些学习支架策略包括基于项目的在线协作学习设计阶段所嵌入的静态学习支

架和在学习过程中施加的动态学习支架，其来源有教师、同伴和技术（李梅，2019）。下面介绍四种学习支架策略并阐述它们在基于项目的在线协作学习中的应用。

第一节 结构化学习支架策略

一、什么是结构化学习支架策略

结构化学习支架策略通过对学习过程的分解、学习路径和学习活动空间的设置，限制学习自由度、维持学习方向。Wood 等（1976）将支架特征化为"降低自由度"和帮助学习者"维持方向"。其核心思想是通过提供结构或限制，以外显化方式或窄化选择的形式降低学习者所面临任务的复杂性，将学习任务的难度控制在学习者的最近发展区内，使问题解决更具有可处理性（Reiser，2004）。

结构化学习支架策略通常表现为对学习任务的分解、学习路径的设置和学习活动的组织。结构化学习支架策略在表征整个学习任务的同时，还能简化学习任务（Reiser，2004）。通过对学习任务的分解，使得任务具有较小的粒度，具有更强的可操作性，具体体现为学习者在面临分解后的小任务时，更容易将任务所涉及的领域知识与已有经验建立连接，用已有的认知图式解读任务，形成有更有针对性的认知冲突。对学习路径的设置体现为提供较为具体的学习步骤，学习路径的设置窄化了学习者在选择学习路径时的自由度，使其沿着学习路径展开认知活动，更有助于保持学习方向。组织学习活动主要体现在学习路径的各个环节中，为学习者设置相应的认知活动空间，使学习者聚焦设定的认知活动，将认知资源集中投入有助于解决认知冲突的学习过程中。结构化学习支架策略降低了学习者在组织学习过程方面所占用的认知资源，使其有更多的认知资源用于问题解决所需要的关键操作，对问题解决的各个步骤进行监测、反思，以便维持学习方向。

二、基于项目的在线协作学习中的结构化学习支架策略

在基于项目的在线协作学习中，结构化学习支架策略通常是教师在教学设计

阶段根据教学目标和学习者的整体情况之间的差距所选择的学习支架策略。结构化学习支架策略通常采用技术工具的形式，是一种静态学习支架。其通过构建学习活动环节和学习空间，降低问题和任务的粒度，缩小问题空间，提升任务的可操作性。降低学习者在组织学习过程方面所占用的认知空间。学习者更易于在新旧信息之间建立关联，有更多的精力聚焦在问题解决所需要的关键操作上。基于项目的在线协作学习中的结构化学习支架策略主要表现在结构化问题解决环节和结构化认知活动序列以及分解学习任务、缩小问题空间三个方面。

（一）结构化问题解决环节

基于项目的在线协作学习是一个问题解决的过程，对问题解决过程的环境设置在一定程度上为学习者的认知过程铺设了一条路径，使其聚焦于与问题解决直接相关的学习环节中，避免认知资源在盲目探索过程中的浪费。根据问题解决的一般过程，可以将基于项目的在线协作学习分解为四个环节，即问题表征、问题解决方案生成与论证、问题解决方案实施、监督与评价。在此基础上，将解决问题所需要完成的复杂过程分解为具有逻辑关系的多个环节，并为学习者提供各个环节中相应任务操作所需要的过程模板。从整体上对学习过程进行规划，以保持学习方向正确。

对于基于项目的在线协作学习的路径设置，技术来源的学习支架具有得天独厚的优势。在教学设计阶段，将问题解决各环节以模块包的形式嵌入学习空间中，生成各个环节的独立学习空间，并根据各环节的任务需要整合具体的模板工具。在问题表征阶段，为学习者提供头脑风暴工具和问题表征工具。由于学习者需要对问题展开充分的讨论，利用头脑风暴工具能够激发学习者将各自基于已有认知图式建构的问题空间呈现出来，在观点的碰撞中激发进一步的思考。问题表征可以采用多种形式的工具，最为常用的是图文表征工具，根据学科特点也可以提供动画建模等工具。在问题解决方案生成与论证阶段，为学习者提供方案制作与修改工具。问题解决方案的制作与修改通常是小组成员共同完成的，所提供的方案制作与修改工具一般应支持多人共同编辑（如 Wiki），小组成员共同编辑文字或图形形式的问题解决方案。在问题解决方案实施阶段，为学习者提供建模与人工制品制作工具。在基于项目的在线协作学习中，问题解决方案的实施体现为人工制品的制作，人工制品有多种形式，如科学探索报告、编程、建筑图纸、物品模型等。因此，为学习者所提供的建模工具需要根据具体的任务而定。对于需要以建模形式输出的人工制品（如分子运动模型），应提供相应的动画制作工具；对于以图纸形式输出的人工制品，应提供绘图工具；无论哪种形式的建模工具，都应具有易操作、可共同编辑的特点，使学习者容易上手，且小组成员能够协同工作，将各自的想法体现在人工制品中。在监督与评价环节，为学习者提供互评工具和反思工具，方便学习者相互学习、改进。

（二）结构化认知活动序列

结构化认知活动序列是指将学习过程中所需要的认知活动进行排序。在基于项目的在线协作学习中，学习者有三类主要的认知活动：同伴交互、个体反思和建模。同伴交互主要表现在小组内部的讨论、交流、协商，以及小组之间的互评方面。其有多种形式，如头脑风暴、讨论区等。个体反思主要是学习者对自己的认知过程的思考，通常以反思笔记的形式体现。建模包括学习者个体的建模以及学习者小组的共同建模，通常外化为人工制品。在基于项目的在线协作学习过程中的各个阶段都涉及这三类认知活动，对认知活动的结构化体现在结合问题解决的过程，分析各个环节所需要的认知活动，为学习者提供相应的认知支持工具并将其嵌入学习过程中。一方面，结构化认知活动序列，方便学习者从一个任务空间跳转到另一个任务空间，或者穿梭于不同的学习活动之间，保持学习过程的连续性；另一方面，可视化学习活动的过程和结果有助于学习者对认知活动过程与结果的反思。在一定程度上减少了学习者对学习过程的组织与管理的任务量，降低学习者的元认知难度。

同伴交互的认知活动在基于项目的在线协作学习过程中各个阶段的表现形式如下：学习计划阶段的讨论、问题表征阶段的头脑风暴、问题解决方案生成阶段和方案实施阶段的反复讨论与协商、问题解决方案论证阶段的辩论、监督与评价环节的互评。这其中既包括小组内部的交互，也包括小组之间的交流。在选择同伴交互工具时，一是根据需要嵌入不同的工具，二是同类工具的使用保持一致性和连续性，即不同的学习环节的同类同伴交互使用同一个工具，交互内容始终可见。个体反思工具通常是以笔记的形式呈现，在设置这类工具时，应保持工具随时可调用；同时，学习者可以设置笔记的可见范围（如私密、教师可见、组内同学可见以及所有人可见），此举有助于将笔记作为一个交流的工具。对于建模工具而言，通常用于学习者个体和群体思维过程与结果的外化，作为物化的认知资源供个体与同伴共同学习。

（三）分解学习任务、缩小问题空间

基于项目的在线协作学习中问题的劣构性和任务所涉及要素的高度交互性增加了学习者的认知负荷和解决问题的难度。将问题分解为具有连续性和逻辑性的一系列小问题有利于缩小问题范围，降低问题的复杂度和劣构性（Simon，1973），方便学习者在问题信息与已有认知图式之间建立关联。基于项目的在线协作学习旨在通过问题解决实现学习者认知图式的建构与自动化。学习者面临的问题或任务涉及的要素通常具有高交互性的特点（Van Merrienboer，2005），即具有一定的复杂性；而对于知识和技能有待提升的学习者来说，通常是以新手身份参与问题解决的过程。一方面，学习者尚未形成所学习的领域中比较完善的认知图式，表现为领域知识分化程度较低，在对信息的感知和处理方面具有局限性和模糊性；另一方面，在解决问题的过程中，学习者必须随机组织并检验组织的有效性，当需要组织的要素数目呈线性增长时，可能的组合数目则呈指数增长，工作记忆容量不可避免地被限制。如果过分夸大学习者的自主性和独立性，则会因认知负荷过重而出现盲目探索、学习受阻、偏离学习目标的情况。

对于基于项目的在线协作学习任务的分解，并非简单将问题切割为一个个的独立模块，而是强调任务之间的逻辑性和连续性。通常由根据目标所要求掌握的学科核心概念的逻辑构成，按照概念的抽象程度由低到高的顺序分解任务，在概念体系中处于较低层次的概念所涉及的任务应排在前面，低抽象层次的概念任务的完成应引发高抽象层次的概念任务的实施，也即任务的分解应以问题为主线，将其引向最终的目标。换句话说，对任务的分解应与问题联系在一起，即将劣构的问题分解为具有逻辑性的子问题，一个问题的解决引发新的高一层级的问题，从而使学习者的认识活动始终在问题的驱动下发生。

第二节 问题化学习支架策略

一、什么是问题化学习支架策略

问题化学习支架策略是一种通过在学习过程中诱发学习者的"认知冲突"吸

引其注意到问题的教学策略（Webb 等，1996）。问题化学习支架策略是在对学习者学习状态的诊断和学习者的最近发展区分析的基础上引导学习者的认知活动方向。其主要作用是引出清晰的表述、引出决策、浮现差距和不一致（Reiser，2004）。苏格拉底的"产婆术"问答教学法①是问题化学习支架策略的典型。教师通过提出问题、层层解析、步步启发的方式，引导学习者的思维和认识。例如，就某些问题让学习者发表自己的想法和意见，对于学习者的错误认识，通过追问反诘的方式促进学习者反思，并利用各种线索和事物进行启发诱导，使学习者接近和领悟正确的结论，使学习者在获得知识的同时又能获得思维方法（胡小勇，2006）。该方法中的学习者发表意见即是学习者应用已有的知识体系表征对问题的解读，是学习者已有知识体系和认知结构的外化，从学习者的表征中能够发现其内部知识体系的缺陷和认知结构中的错误，针对学习者的现状提出新的问题，通过学习者的反思解决认知冲突，达到新的认知平衡。这种启发诱导的过程符合学习者认知的连续性和认知过程的循序渐进性特点。通过问题化学习支架策略把任务"问题化"的优点如下：首先，使用问题提示能够引起学生注意、促使其表达想法、为其提供指南以促进认知和元认知的发展（Ge，2003），一方面能够暴露其认知冲突，另一方面有助于学习者反思学习过程；其次，问题能够向学习者指明需要特别关注的重要概念，帮助学习者获得较复杂的知识技能（Reiser，2004）；最后，问题有助于引导学习者的认知活动方向，使其向着核心概念建构的方向思考，起到保持学习方向的作用。

问题化学习支架策略的主要来源是教师。认知是一个复杂的思维活动，对其状态的监测通常是在人际互动中实现，问题化学习支架策略一方面起到了诊断学习者认知发展情况的作用，另一方面促进了学习者的认知活动向新的方向发展。例如，学习者如果能够对问题给予很好地回应，说明其对问题所涉及的知识有了较好的掌握；反之，则是认知发展的新的增长点。教师所提的问题通常是在与学习者及其学习产出反复交互的基础上提出的，如根据学习者的讨论

---

① 所谓问答教学法，是指在学习过程中通过问题诱发学习者的思维和认知，让学习者针对所提出的问题发表观点，通过追问的方式促进学习者进行反思，并利用线索启发诱导，使学习者在问题引导下思考和领悟知识，实现知识与思维的同步发展。

内容、反思笔记以及所建构的人工制品诊断学习者的认知状态形成最初的问题化学习支架策略，然后在问题的引导下，根据学习者的反馈形成新的问题。如此循环实现认知发展的螺旋上升。同伴作为学习者人际互动的主要对象，也是问题化学习支架策略的重要来源之一。同伴之间的认知差异也将成为问题的来源与学习持续进行的推动力。同伴之间既可以以自由讨论的形式暴露各自的认知差异，寻找差异，也可以以知识建模的外化物——人工制品为中介，再通过观察他人的认知建模外化物认识其中所体现的领域知识与技能所涉及的概念、规则及相互之间的关系，从而与个人的认知进行对比，发现问题，找到新的建构点。同伴所提供的问题化学习支架策略在针对性方面往往弱于教师。强调人在问题化学习支架策略提供方面的重要性，并非否定技术的作用。在线学习环境中的问题化学习支架策略表现为嵌入一些规则性较强的过程提示、解释提示和反思提示。过程提示能够保持学习的方向，解释提示则引导学习者的认知过程到领域知识的核心概念和原则；反思提示有利于学习者监测、反省学习过程和效果，促进学习者元认知策略提升，学习并分析反馈能够有效地激发学习者的反思意识。

二、基于项目的在线协作学习中的问题化支架策略

基于项目的在线协作学习通常围绕一个问题组织（Blumenfeld 等，1991），其目标在于培养学习者解决问题的专家技能，即获得领域核心概念以及在获得领域核心概念过程中所进行的思维活动，专家技能的培养通过解决领域问题而实现。问题是学习的起点，是认知发展的必要手段，也是学习过程的驱动因素。新手学习者在认知图式中的信息提取、使用认知图式对外部信息的解读以及生成问题解决策略等方面均面临着困难。问题化学习支架策略在促进认知、元认知活动以及保持学习方向等方面均发挥着重要作用，贯穿基于项目的在线协作学习问题解决过程的所有认知活动。

（一）引导知识建构的问题化学习支架策略

问题化学习支架策略能够促进学习者的认知建构活动。从皮亚杰的建构主义观点可知，认知发展的过程离不开同化和顺应过程，而这两个过程的触发因素是认知冲突。认知冲突在宏观层面的体现即问题。在实践中，往往存在问题没有很

好地引发学习者的认知冲突、建立学习活动和预期获得的领域知识之间连接的现象。基于项目的在线协作学习的问题通常具有劣构性，在通常情况下，学习者无法通过已有认知图式自动生成问题解决策略。如何引导学生建立问题与已有认知图式的连接？如何促使学习者生成问题解决方案？如何引导学习者验证问题解决方案？这些是问题化学习支架策略需要解决的问题。

在问题表征阶段，激活学习者的已有认知图式，使其与问题所呈现的情境或知识点建立连接是教学指导的关键。新手学习者的知识往往是惰性的，即所关联的情境信息较少，存在提取信息不顺畅的问题，不容易与问题情境建立连接。问题化学习支架策略的作用在于激活学习问题所涉及的学习者认知图式中的知识点。在该阶段，较为强调同伴的学习支架作用，通过头脑风暴，学习者发表自己对同一问题的描述与表征，在这个过程中，丰富的信息和观点的碰撞最容易引发学习者的认知冲突，从而促进学习者去获取新的信息纳入认知处理过程。当学习者在问题表征阶段出现较大的偏差时，说明其认知图式中存在较大的知识盲区，需要教师应用问题引导，使其补齐影响认知建构的知识盲区。

在问题解决方案生成与论证阶段，是学习者形成问题解决策略的过程。新手学习者由于具有的知识和策略较为有限，认知图式中所形成的问题缺口较大。在生成问题解决策略时存在不确定性较大、策略的有效性较低的现象。生成与论证问题解决策略的过程犹如在认知结构中的问题缺口处编织知识之网。需要什么样的知识？如何建构需要的知识？需要哪些思维活动？这些都是本阶段学习者所面临的主要问题。在这个过程中，同伴之间的相互启发是生成方案的必要条件，对问题解决方案的论证与完善需要更多的教师支架，具体表现在以下两个方面：①基于学习者小组讨论、反思或方案内容判断学习者的认知冲突，通过问题引导学习者获取、整合所需要的知识；②通过问题引导学习者思考问题解决策略。

问题解决方案实施阶段更多地表现在人工制品的制作方面。人工制品是学习者群体认知建构结果的具体体现，初次形成的人工制品相当于学习者认知结果外化的最小原型，是进一步修改完善的基础。人工制品最能反映学习者的认知过程和认知结果，而且也是发现学习者认知方面问题的最佳方式。例如，学习者通过学习完成一份建筑图纸的制作，图纸中所体现的建筑构造是否符合力学规律？又如，学习者所编写的程序代码的健壮性、可维护性如何？通过观察与分析可以发现学习者是否掌握相关的知识点，是否领会相关的原则。由于人工制品的具体性特征，学习者和教师就比较容易从中发现问题，以问题引导新的认知建构活动。

在监测与评价阶段，问题化学习支架策略更多地体现为对学习过程组织与管理的方法与策略的问题引导。该阶段的问题化学习支架策略较多以教师支架的形式出现。

在基于项目的在线协作学习的整个问题解决过程中，问题化学习支架策略是知识建构、认知和元认知发展的重要支持，融入学习者的三类认知活动中。在交互类型的认知活动中，教师可以设置并调整讨论的主题，使主题问题化并连接学习者的工作到学科框架是有效讨论的关键（Engle 等，2002）。在反思活动中，基于学习者的反思内容可以有针对性地对个体学习者提供问题引导与启发。建模活动的主要任务是对人工制品进行评价，并将评价结果转换为学习者思考的问题，然后反馈给小组成员。

（二）引导认知过程反思的问题化学习支架策略

在基于项目的在线协作学习过程中，过于强调行动而没有适当反思的倾向（Blumenfeld 等，1991；Schauble 等，1995）通常导致意义建构不能发生。只有在反思的基础上才能实现意义的建构。在基于项目的在线协作学习过程中，问题化学习支架如何促进反思行为的发生？以什么形式体现？下面结合问题解决过程和认知活动对这两个问题进行阐述。

在问题表征阶段，同伴之间的讨论聚焦在各自对问题的描述上，但不同的观点只有在学习者反思时才能对其认知产生影响。每个学习者的经验范围存在差异性，当这种差异较大时，不同观点的碰撞并不一定能够激起学习者的思考。为了促进学习者反思，教师应通过讨论内容引导学习者思考内容中的关键问题，启发学习者审视自己的观点。

在问题解决方案生成与论证阶段，方案的论证往往涉及对方案所进行的多次反复假设与检验，因此学习者所需要的反思活动更多。学习者对自己所形成的方案进行审视不仅需要一定的时间，在向内审视的过程中往往难以找到新的突破点。问题化学习支架策略能够打破学习者自认为比较完善的认知结果，引导其顺着问题思考解决方案的调整方向。此阶段的问题化学习支架策略一般体现在对同伴讨论过程与结果的反馈，以及对学习者反思笔记的评价与引导方面。通过问题提示来引导学习者反思，评价问题解决方案，比较可替代的解决方案并证明方案的可行性。

在解决方案实施阶段，问题化学习支架策略则体现为基于对人工制品的评价所产生的改进建议，可以来自同伴互评，也可以来自教师评价。通过问题引导学习者发现人工制品的缺陷和不足并帮助其找到改进的方向，驱动学习者持续地进行积极的认知活动。

在监控与评价环节，更加充分地体现了学习者元认知的参与。反思提示有利于学习者监测、反省学习过程和学习效果，促进学习者元认知策略提升。对认知过程和结果的反思整合在前面的三个环节中。以问题提示的方式引导学习者反思学习过程和阶段性成果，由此引发新的问题，为进一步的意义建构提供驱动。

（三）保持学习方向的问题化学习支架策略

问题本身即具有引导学习方向的作用。在基于项目的在线协作学习过程中，理想的状态是将复杂、劣构的问题分解为具有逻辑关系的一系列小问题，在小问题的逐步解决过程中实现项目问题的解决以及领域核心概念的建构。学习者作为新手，在基于项目的在线协作学习过程中容易出现问题界定不明确、学习偏离目标等问题，及时提供问题化学习支架策略有助于学习者保持学习的方向。如教师的问题引导与启发、学习环境中技术工具对学习活动的提示。

第三节 模型化学习支架策略

一、什么是模型化学习支架策略

模型化学习支架策略为学习者提供示范，是促进专家技能发展的途径之一（Collins，2006）。模型一词主要不是指展示某项技能的特定人员，而是指该人员在解决问题时提供的示例。对专家行为进行观察和模仿是一种重要的间接学习手段（Bandura，1986），旨在根据模型所体现的基本（抽象）规则或原则而获得认知技能。夸美纽斯（1999）认为"应做的东西，永远必须有一个明确的模型。学生首先应该考察这个模型，然后再去模仿"。社会学习理论家班杜拉（1986）强调通过观察和模仿进行学习。在观察过程中，鼓励学习者识别模式行为的基本规则有助于迁移（如 Decker，1980）。然而，对于他人抽象建模所呈现出的如何解决问题的过程演示，可以或多或少地被模仿，也就是说，以"一字不差"的方式复制，而不考虑潜在的规则（例如运动技能），但是学习者很难从复杂模型中归纳出规则。学习者需要在观察模型期间进行练习。模型显示的内容和学习者已经能够做的事情之间的差异揭示了学习者在随后的模型中应该注意什么来纠正他们的缺陷（Bandura，1986）。因此，观察、模仿、练习三者是紧密交织在一起的。在认知活动中，模型为学习者提供了共同讨论的对象，对模型的观摩、分析、对比容易引起同伴之间广泛的讨论。学习者个体对模型的思考所产生的认识之间或许会有差异，而这将成为讨论的问题。不同观点的交锋与碰撞，有助于学习者理解问题，达成共识。模型帮助学习者超越自己的思维局限（包括记忆、思维或问题解决的局限）（Pea，1985），有助于学习者反思。对模型的研究能够提升知识建构和迁移的效果（Sweller 等，1998），有助于学习者更好地表征。学习者通过类比，将已知的样例与他们要解决的问题联系起来。在对样例的解释中发展出程序化的规则并存入长时记忆，在生成问题解决方案时从长时记忆中检索（Anderson 等，1997）。

在模型化学习支架策略中，实例或工作范例是用于学习解决复杂问题的推荐教学策略（Kalyuga 等，2001；Van Gog 等，2004，2008）。使用工作示例和建模示例在促进学习、近迁移、减少努力、自我效能、胜任力感知等方面均有效，基于实例的学习越来越多地应用于在线学习环境中（Hoogerheide 等，2014）。实例使学习者聚焦在问题状态和相关的操作（如解决步骤）上，避免使用概括的问题解决方案（Sweller 和 Cooper，1985），有助于减少无关的认知负荷，因为不需要搜索特定的问题解决方案，学习者有足够的工作记忆容量来构建一个模式，以便解决问题（Renkl，2013）。研究实例（示例）能够促进知识建构和提升迁移的效果（Sweller 等，1998）。这种策略以工作范例与学习者需要解决的类似问题配对的方式来操作，这种配对比主动解决问题能产生更好的问题解决技能（Cooper 和 Sweller，1987；Sweller 和 Cooper，1985）。学习者成功完成复杂任务取决于整合新信息（Van Merrienboer，1997），并使用因果推理从概念上预测、推断和解释系统组件的操作和交互（Jonassen 和 Ionas，2008）。工作实例对执行复杂任务的贡献源于对任务的描述性解释和完成任务的程序。这种解释提高了学习者对复杂系统的理解，有助于学习者构建与专家模型更接近的心理模型，从而实现成功的表现。基于参与者相关领域知识选择的工作示例策略（面向产品），补充了参与者对问题解决方案的基本原理的推断，作为中间学习者，能够推断出问题解决方案步骤所体现的基本原理（Darabi 等，2010）。根据认知负荷理论，这种更好的表现是由于学习者的自由认知能力被用于认知图式的构建和自动化（Paas 等，2004；Sweller 等，1998）。由于研究实例将新手学习者的认知努力引导到理解系统要素之间的因果关系上，可能会给学习者带来有效的认知负荷（Kalyuga 等，2003）。

二、基于项目的在线协作学习中的模型化学习支架策略

基于项目的在线协作学习中，为新手提供专家掌握学科内容及熟练应用的过程和条件是新手掌握探究方法和问题解决方式的途径（Blumenfeld 等，1991）。基于项目的在线协作学习是问题解决的过程，参与者没有像专家那样拥有拼凑信息和识别模式所需的复杂图式，因此必须依赖于对认知要求很高的"手段—目的"分析策略或返回试错策略。教学支持信息的描述性和工作实例使学习者能够识别复杂系统各组成部分之间的关系，这些组成部分是构建适当的心理模型所必需的。对这些中间信息的有效利用为学习者提供了进一步的支持。样例策略有助于参与者加深对系统组件之间因果关系的理解。复杂问题的解决过程是一种内部认知活动，使用的认知策略和方法在很大程度上是隐性的，往往难以外显化。将专家解决问题的策略转换成学习者的技能需要广泛的、经过深入思考的实践，在实践中将程序性知识应用于解决问题（Darabi 等，2010）。在基于项目的在线协作学习中，可以应用的模型化学习支架包括产品实例（仅提供某个问题的解决方

案）、过程实例（呈现发现解决方案的过程）（Van Gog 等，2008）。在通常情况下，模型化学习支架策略在教学设计阶段，由教师嵌入在线学习环境中。

（一）产品实例

面向产品的工作实例通过向学习者提供初始状态、目标状态和一组问题解决步骤描述了解决问题的过程（Van Gog 等，2004）。产品实例仅提供某个问题的解决方案。学习者在处理问题需求之前从一些包含解决方案的问题中学习（Renkl，2005），在学习中经历自我解释、图式建构、自动化实践三个环节（Renkl，2014）。通过工作实例，学习者研究问题的状态、目标状态和专家的问题解决方案（Hoogveld 等，2005），获得问题状态、操作和应用操作引发的结果的知识，然后将其整合到认知图式中，适用于后面的问题解决。产品实例在问题表征、问题解决方案生成与论证及方案实施阶段为学习者提供学习支架。

在问题表征阶段，学习者需要全面详尽地析出已有观念，从各自的视角对问题进行解读，从而形成对问题的全面认识。对于学习者来说，在将已有认知图式与问题所呈现的信息模式进行匹配的过程中，所建立起的连接是有效的。在认知层面，由于学习者缺乏对问题信息的深度解读。为学习者提供类似问题的解决方案实例，有助于学习者从较为完善的问题表征信息反思自己的认知结构，在对比分析中更有效地形成学习需要，将认知资源集中在所面临问题的空间表征。

在问题解决方案生成与论证阶段，问题解决方案的产品实例为学习者提供了模仿的对象，如，学习者的学习任务是完成一个研究报告的撰写任务，为其提供高质量研究报告的撰写方法，能够使学习者的认知资源聚焦于学习任务的完成上。学习者依据产品模型的解决方案生成所面临问题的解决方案，生成解决方案的过程，是学习者模仿、练习、改进的反复迭代过程。在最初阶段，学习者通过学习理解实例所提供的问题解决方案；在此基础上模仿已有的问题解决方案，生成形式上较为类似的所面临问题的解决方案；接着对比、反思问题解决方案，经过组内成员的讨论、协商，逐步修改完善问题解决方案。

在问题解决方案实施阶段，产品实例是基于项目的在线协作学习的最终产出——人工制品。该阶段的人工产品实例具有多种形式，如果学习者以完成一个探究过程的研究报告为学习的最终结果，在问题解决阶段为学习者提供的产品实例即高质量的研究报告。通过阅读研究报告，梳理、总结高质量的研究报告具有哪些特点，并从形式上进行模仿；在撰写学习任务所要求的研究报告的过程中，学习者或多或少地会遇到问题，以此为契机，反复研究一个研究报告实例，或者对多个研究报告实例进行对比、分析，凸显其所蕴含的通用的规律、原则及相关领域的知识，修改完善本组的研究报告。

在这个过程中，由于直接提供给学习者完整的问题解决方案，减少了学习者在缺乏信息的情况下漫无目的的摸索环节，使得他们的心理努力被引导到理解系统要素之间的因果关系上。然而，由于这种策略干扰了已有认知图式，该策略可能会对经验丰富的学习者施加无效的认知负荷（Kalyuga 等，2003）。另外，在对实例进行学习的过程中，并不能直接将实例中的问题解决策略与方法直接转换成学习者自己的技能，需要反复的练习，在练习的过程中发现问题与不足之处，在解决问题和完善方案的过程中理解方案中所蕴含的问题解决策略与解决问题所需要的基本概念和原理。

（二）过程实例

面向过程的工作实例不仅解释了如何解决给定的问题，而且解释了为什么要使用这些操作（Van Gog 等，2004）。面向过程的工作实例不仅呈现发现问题解决方案的过程，还解释了所提供解决方案背后的基本原理。其不仅向学习者说明了"是什么"，而且说明了"为什么"。这些基本原理是实现迁移的重要因素，从理论上来说，以过程为导向的工作实例能够带来更有效的迁移。过程信息最初可能会给学习者施加一种有效的认知负荷并带来更高的效率，但在训练过程中可能会变得多余并施加一种无效的负荷，从而影响效率（Van Gog 等，2008；Van Gog 等，2004）。

基于项目的在线协作学习是复杂问题的解决过程，属于一种内部认知活动，所使用的认知策略和方法在很大程度上是隐性的，往往难以外显化。面向过程的工作实例展示了专家解决问题的全过程，呈现专家解决问题的具体策略和方法。过程实例为学习者提供了专家技能在解决某一具体问题中的应用，具有丰富的情境性。有助于学习者更好地理解问题解决策略以及问题解决方案所整合的领域核心概念及其之间的关系。

在问题表征阶段，过程实例让学习者更清楚地看到问题表征的一般过程和结果。例如，提炼问题的条件、限制，分析问题的要素之间的关系。在这个过程中，过程实例呈现了专家在表征问题时所用到的已有认知图式中的领域知识及其之间的关系，对这些知识及相互之间关系的整体理解有助于学习者更好地理解问题。在表征问题的过程中，学习者会更有针对性地获取、理解所需要掌握的领域知识，试图理解问题，问题空间的明确化是学习者在已有认知结构与问题的信息结构之间不断匹配的过程，有助于领域知识的理解以及问题的析出。对过程实例所呈现的问题表征结果的学习，有助于学习者聚焦认知资源在问题表征结果的描述上，限定问题范围，界定问题空间，减少不确定性。

在问题解决方案生成与论证环节，过程实例为学习者提供了问题解决方案的模板以及问题解决方案生成与论证的过程。问题解决方案模板是学习者学习、模仿的重要对象，通过学习、模仿生成所面临问题解决方案的最小原型，在对最小原型进行讨论、反思的过程中产生问题，对于问题的理解可以参考过程实例所提供的过程解释信息，有助于关键认知活动的顺利进行。多个过程实例的提供，有助于学习者对比不同实例之间的差异，注意到只考虑一个案例可能忽视的信息维度，促使学习者注意相关的特征以及不同情境中所体现的显著共性特征，形成对方案实施过程的较一般的认识，从而生成较为合理的问题解决方案。

在问题解决方案实施阶段，产出与模型的对比有助于学习者发现自己与专家表现之间的差距，触发学习者的疑问，引发新的学习过程。过程模型所提供的基本原理的解释为新的学习过程提供了知识化学习支架。

过程实例是一种内容较为丰富的模型化学习支架策略（尤其是解决方案背后的基本原理），是实现迁移的重要因素，从理论上来说，以过程为导向的工作实例能够带来更有效的迁移。但支持信息的冗余也会给学习者带来无效的认知负荷。因此，在利用过程导向的实例过程中，需要教师提供进一步的支架策略，如问题化学习支架策略与知识化学习支架策略。

第四节　知识化学习支架策略

一、什么是知识化学习支架策略

知识化学习支架策略是指在学习过程中有针对性地为学习者提供领域知识，使其更好地解决问题，实现知识整合。很多证据表明以认知图式形式存在的领域专业知识是区分专家和新手学习者问题解决能力的主要因素。教学应促进领域专业知识的获得，而非那些不能被人类认知结构支持的非常概括的推理策略（Sweller 等，1998）。学习者如何才能够更好地整合领域知识？"知识整合"以个人观念为基础、使用证据来辨分各种备选观念，反思关于问题现象的各种可能解释，一般需要经历析出观念、添加观念、辨分观念和反思观念这四个环节（林和艾伦，2016）。知识整合建立在学习者的已有"观念库"之上，学习者基于已有"观念库"解释他们所观察到的事物。在对已有"观念库"中的概念进行辨分或者对已有观念与新的观念进行辨分时，学习者需要补充新的观念，教学就是要对学习者需要整合的新观念进行设计。新观念是否符合学习者的已有观念状态和学习者的认知规律将影响学习者的观念整合。如果所设计的新增观念晦涩难懂，则很容易被学习者忽略，或者死记硬背用于应付考试，但是在解决问题的过程中所起的作用微乎其微，没有实现学习的迁移，真正的学习并未发生。如果将学习者的已有认知图式比喻为正在燃烧的碳，新的知识比喻为没有燃烧的碳，在将新的没有燃烧的碳加入已经燃烧的碳中会出现什么情况？我们都有这样的经验，将很大块的碳直接加入或者将一堆小碳块一次性加入正在燃烧的碳中，都不能很好地引燃新碳；反之，若将小块碳逐步加入燃烧最旺的碳块中，则更容易引燃，并且与原有的碳融为一体。知识获得过程同样如此，已经被激活的认知图式中的知识点犹如熊熊燃烧的碳块，将新的细粒度的知识加入其中，则更容易建立新旧知识之间的丰富连接，实现知识的整合。当学习者收集信息理解"观念库"中的想法以及辨分新增观念时，就相当于在各种观念之间建立了联系和连接。各种形式的反思和交流有助于促进观念之间的联系和整合（林和艾伦，2016）。在学习者知识整合的过程中教师发挥重要作用。教师通过对学习活动的监测与反馈推进探究进程。例如，监测学习进展、判断学习状态，决定是否介入、何时介入、以何种方式介入，选取知识及其呈现方式等。教师所选择的知识应能够与学习者的已有观念建立连接。学习者对新增的观念与自己原有的观念进行辨别时，在辨别的过程中认识已有观念、新增观念的含义及其之间的关系。在在线学习环境中，技术对学习者的知识整合也做出了贡献。例如，为学习者反思和交互提供学习支架，及时呈现学习资源，嵌入学习监测与评价工具获取学习进展信息等（林和艾伦，2016）。

二、基于项目的在线协作学习中的知识化学习支架策略

基于项目的在线协作学习过程中，认知负荷更多的来源于学习者领域基本知识、原则及其应用经验的缺乏。在学习的过程中仅提供问题让学习者解决，并不会必然带来认知图式的改变。提供知识化学习支架策略有助于学习者理解领域知识与基本原则，而且在问题解决过程中实现知识的应用、迁移与内化，实现新的领域知识与学习者已有认知图式的整合。知识化学习支架策略通常以情境化知识、问题解决实例、知识点的形式呈现，内容载体多样，如文字、视频、音频、动画等。在基于项目的在线协作学习过程中，知识化学习策略支架贯穿于问题解决的各个阶段，强调所提供知识的针对性、适量性，突出以知识促进学习者析出观念、添加观念、辨分观念和反思观念的认知活动持续推进。

（一）问题表征

在问题表征环节中，知识化学习支架策略体现在根据学习者的知识盲点和薄弱点提供相关的材料，为学习者准确解释、析出问题提供新的信息。问题表征是学习者已有认知图式与问题所包含的信息结构之间相互作用的过程。在信息的相互作用中学习者析出已有观念，也即激活认知图式中的相应区域，应用已有图式解释问题。在这个过程中，作为新手的学习者难以从整体上对问题进行建构，需要获取相关的领域知识。此时，为学习者提供知识化学习支架应突出知识的情境性，与问题类似的情境有助于学习者从情境中提取出所需要的知识。例如，类似问题解决方案中的问题描述及问题表征的过程。

知识化学习支架策略的提供基于对学习者已有观念的诊断。在基于项目的在线协作学习的问题表征环节，学习者通常使用头脑风暴工具，针对问题发表各自的见解，充分析出观念。在这个过程中，同伴之间的激烈讨论有助于重复暴露各自的已有观念。这其中既体现了学习者在知识方面的空白，也呈现出对知识的错误理解。基于个体学习者呈现的对问题的认识，教师应提供有针对性的知识化学习支架，对于较为普遍的认知盲点或错误，可以在总结提炼的基础上予以强化，设置必要的学习活动引导学习者参与。知识化学习支架作为新加入的观念，有助于学习者对比新旧观念和辨别已有观念，以利于其在反思的基础上构建观念之间的连接。知识化学习支架的提供不是一次性完成的，尤其是在问题表征阶段，如果学习者已有观念与目标之间的差距较大，则需要多次地、逐步提供小步子的知识化学习支架，直到学习者理解问题，能够明确界定问题。实例是使用较多的知识化学习支架，与模型化学习支架的不同之处在于，当实例作为一种知识化学习支架提供时，更多地强调实例中所蕴含的知识点，通过丰富的情境帮助学习者提炼、整合知识。

（二）问题解决方案生成与论证

在问题解决方案生成与论证环节，问题解决方案的生成与论证体现了其对领域知识的理解、应用能力，是学习发生的重要条件。前文介绍过，通过模型化学习支架策略为学习者提供学习、模仿、练习、改进的参照。为学习者提供领域原则和与学习任务类似的问题解决方案工作样例，从一些包含解决方案的问题中学习（Renkl，2005）。学习者通过多个工作样例的类比，将已知的样例与他们要解决的问题联系起来。在对样例的解释中发展出程序化的规则并存入长时记忆，在生成问题解决方案时从长时记忆中检索（Anderson 等，1997）。即通过自我解释、图式建构，实现自动化实践（Renkl，2014）。学习者有时不能提供有效的和正确的自我解释（Berthold 和 Renkl，2009；Renkl，2002）。在这个过程中，学习者最初更多的是从形式上进行模仿，对于问题解决方案背后所蕴含的深层领域知识可能仍然一知半解，在论证问题解决方案的过程中，针对细节的反复假设、检验驱动学习者进一步反思，引发新的知识盲点或误解。以教学解释的形式提供帮助是有意义的（Wittwer 和 Renkl，2010）。当然，包含丰富信息的过程实例提供了问题解决方案背后隐藏的领域核心概念或原理，对于新手学习者来说，一次性地呈现全部的信息势必会造成较为严重的认知负荷。如何将详细的过程信息分解为具有逻辑关系的且与学习者的认知发展过程相契合的细粒度知识，是知识化学习支架的重点。

因此，在问题解决方案生成与论证阶段，对知识化学习支架的需求通常是在论证问题解决方案的过程中较为突出。在对问题解决方案的科学性、可行性、可操作性等问题的追问中产生新的疑问，针对具体的疑问，为学习者提供针对性较强的知识。

（三）问题解决方案实施

在基于项目的在线协作学习的问题解决方案实施环节，学习者将问题解决方案转化为人工制品。人工制品质量的好坏是检验学习迁移效果强弱的重要依据，根据人工制品所体现的领域知识及其应用，判断学习者及其小组成员在知识建构过程中的不完善之处或知识盲点并提供有针对性的知识资源。例如，学习者协作完成桥梁设计模型的制作的学习项目，根据学习者提供的桥梁设计方案和制作的桥梁模型，能够判断出学习者对桥梁结构及其中的力学知识的掌握情况，根据存在的问题为学生补充相关知识材料，使其基于新学习的知识完善应用方案和人工制品。通常，知识化学习支架与其他类型的学习支架结合使用。例如，问题化学习支架和模型化学习支架。根据教师或同伴提出的问题思考解决问题所需要的知识，或者从与实例的对比中发现问题从而引发思考，将知识化学习支架所提供的知识应用在问题解决方案的调整和人工制品的改善中。

（四）监督与评价

在监督与评价环节，知识化学习支架策略更多地体现为学习者认知和元认知的知识与策略，促进学习者反思、产生新的认知冲突。知识化学习支架通常以学习资源的形式出现，也可以与问题化学习支架策略和模型化学习支架策略整合在一起。

第五节 小　　结

　　本章在对基于项目的在线协作学习过程和活动中学习者面临的认知负荷进行分析的基础上提出了结构化学习支架、问题化学习支架、模型化学习支架和知识化学习支架四种学习支架策略。结构化学习支架策略主要用于对基于项目的在线协作学习过程进行分解，为协作学习过程提供活动空间，是一种基于技术工具的静态学习支架；问题化学习支架策略贯穿于学习的全过程，基于学习者的学习状态和最近发展区提出引导性问题，激发学习者反思。一方面，是对学习产出提出问题，另一方面，是在互动过程中提出疑问，使学习者维持学习方向、持续学习过程；模型化学习支架策略为学习者提供了观察与模仿的对象，使学习者能够看到最终学习产出应具备的特点，通过学习过程逐步接近或超越模型所体现的专家图式；知识化学习支架策略是基于学习者认知空缺所提供的领域知识支持，是学习者解决问题的必要支持条件，通过问题整合领域知识，在问题解决的过程习得知识。

　　在基于项目的在线协作学习过程中，教师应充分利用资源，为学习者提供适合的学习支架策略，尤其是为学习者提供复杂问题解决所需要的专业化程度较高的问题化学习支架。

第六章

基于项目的在线协作学习环境构建

基于项目的在线协作学习基于在线学习平台设计并实施,如何构建支持学习过程的在线协作学习环境是实施教学的重要基础。什么是在线学习环境?如何构建基于项目的在线协作学习环境?本章主要以在线学习环境中学习支架的构建为主线介绍在线学习环境构建的原则,主要学习支架工具和学习空间的设计。

第一节 基于项目的在线协作学习环境及其构建原则

一、基于项目的在线协作学习环境

基于项目的在线协作学习环境是在线学习环境在基于项目的协作学习中的应用。在线学习环境又称网络学习环境或网络教学环境,旨在利用多媒体与网络技术实现教学资源的共享与传播,促进师生互动(韩锡斌和程建钢,2005)。狭义的在线学习环境一般由支持各种交互的在线学习平台和学习资源构成,广义的在线学习环境除了学习平台和学习资源外,还包括发生在学习过程中的活动以及对学习活动的分析、反馈等。即学习环境由硬环境和软环境构成。硬环境主要为学习资源的存储、检索和学习活动的实施提供技术支持,软环境则包括学习资源和学习过程中的互动,如师生互动、同伴互动、人机互动以及自我反思活动等。技术能够实现的学习支持工具呈现出形式多样、功能丰富的特点,但是如何选择与配置各种功能模块生成有效的学习环境则取决于教师的教学观和教学设计理念。目前，广泛应用于教学的主流在线学习平台主要支持传统的讲授型教学模式，平台功能较为单一。随着教学理念的转变，教学越来越重视学习者的协作和探究。计算机支持的协作学习的研究受到了重视，在学习平台的功能支持方面突出了对学习者之间协作活动的支持。针对协作学习模式的多样化特点，韩锡斌和程建钢（2005）提出支持多种教学模式的在线学习平台的设计思路。首先，根据支持不同教学模式的在线学习环境的共性和个性，抽象出在线学习平台的功能组件。其次，研究功能组件生成支持各种教学模式的机制。最后，教师在系统中选择教学模式，系统根据所选教学模式自动选取功能组件，生成相应的在线学习环境。

基于项目的在线协作学习环境是为支持基于项目的协作学习所构建的在线学习环境。该环境包括在线学习平台、学习资源和基于在线学习平台所发生的教学活动。其中在线学习平台是由一系列的功能组件整合而成。基于项目的在线协作学习的主要环节包括问题表征、问题解决方案生成与论证、实施环节和学习监督与评价，每个环节由各种形式的交互活动、反思活动、建模活动等认知活动构成。因此，基于项目的在线协作学习平台是由支持交互、反思和建模三类认知活动的功能组件整合而成的。其中，问题表征、问题解决方案生成与论证、实施环节以单独的功能模块集合的形式设置，如，问题表征阶段可以选择头脑风暴工具、文本共同编辑工具（如 Wiki）、画板工具等；学习活动监督与评价贯穿于问题解决过程中，可以提取出来，独立于各模块之外，如反思笔记；也可以根据每个阶段的特点融合到各个阶段中，如同伴互评活动在问题解决方案实施阶段应用较多，可以将同伴互评模块嵌入实施环节。基于项目的在线协作学习资源通常围绕领域核心知识与原理，学习资源突出与问题解决的相关性，在资源呈现形式方面，除了抽象的、系统的体系知识之外，各种情境性知识和研究性内容是重要的学习资源。在线学习平台设置和学习资源选择是教学设计的重点任务。学习活动是学习过程的核心内容，而对学习活动的诊断与干预同样是在线学习环境的重要组成部分。

二、基于项目的在线协作学习环境构建原则

基于项目的在线协作学习旨在促进学习者为理解而做，在线学习环境的构建以促进学习者积极的认知活动为目标，具体表现为基本学习环境的创建和学习过

程中的各种学习支架的设计与提供。基于在线学习环境的特点和学习者的认知发展规律,在线学习环境中学习支架的设计应遵循适量原则、整合原则、融合原则。

(一)适量原则

在构建基于项目的在线协作学习环境时,所选择的技术工具应符合适量原则。适量原则体现在两个方面:一是选择技术来源学习支架的种类,二是技术来源学习支架提供的支持的度。对于技术来源学习支架的种类,随着技术对学习过程的渗透越来越广泛、深入。在构建在线协作学习环境时,可选择的技术工具越来越丰富、多样,如对于同伴交互的工具可能有很多种,在选择时结合认知活动的特点选择一个或几个工具,尽量保持学习过程中同类交互工具的统一性。一是因为学习者在使用工具时,需要一个熟悉的过程,这个过程也会占用一部分的认知资源,有时候会成为影响学习的认知负荷。二是在学习的过程中,同类活动在不同的工具中进行不利于认知活动的持续性以及知识建构活动的连续性。在技术来源学习支架提供的支持程度方面,主要依据是保持学习者有效认知负荷的适当性。对于支持量的控制,主要取决于教师,一是教师在教学设计和学习过程中置入环境中的技术来源学习支架的量,二是基于大数据与学习分析技术的自适应学习系统中教师设置的诊断与适应规则。

对于静态学习支架的设计,更多的具有整体性的特征,是基于教师对学习者群体的学习准备进行的分析,如学习者在领域知识方面的准备、经验方面的准备与教学之间的差距。静态学习支架设计通常在教学设计阶段完成,如结构化学习支架。动态学习支架具有较强的个性化特征,是因材施教思想的重要体现。动态学习支架是在学习过程中提供的,针对学习者个体和小组的表现进行诊断并提供支持。同时,动态学习支架并不局限于仅向学习者个体提供,当大部分学习者个体或小组都出现类似的问题时,教师需要调整教学策略,对学习者进行整体干预。

无论哪种性质的技术来源学习支架,其在支持学习者的过程中都应遵循适量原则,既要避免过多种类的技术工具增加了学习者的无效认知负荷,也要避免有效认知负荷的过度降低而剥夺了学习者参与必要的认知活动的机会。

(二)整合原则

基于项目的在线协作学习环境构建的整合原则体现在两个方面:一是技术来

源学习支架之间的整合,二是技术来源学习支架与其他来源学习支架之间的整合。

技术来源学习支架之间的整合是指技术来源学习支架之间形成一个统一的整体,在学习过程的各个阶段以及学习活动的各个方面之间建立连接。首先体现在显性的学习过程中各类技术来源学习支架的安排方面,主要表现为静态形式的学习支架的排列组合。例如,技术来源学习支架对于学习过程的分解、学习环节排列以及各种认知活动的空间设置是以嵌入的方式形成一个完整的学习空间,学习环节的设置为学习限定了路径,认知活动空间则嵌入学习环节中,同一认知活动在不同学习环节之间是相通的。其次,技术来源学习支架对学习过程的诊断规则和干预规则应具有一致性和整体性。同样的认知活动使用同样的规则和同样的标准。例如,不同学习阶段的反思,尽管反思形式不同,但是对反思内容的判断标准应一致。

技术来源学习支架与其他来源学习支架之间的整合是指技术来源学习支架与来自教师、同伴的学习支架应实现优势互补、相互融合。在基于项目的在线协作学习支持过程中,技术来源学习支架是基础,为学习过程提供外部支持,以静态学习支架的形式嵌入基于项目的在线协作学习设计中;同伴来源学习支架是主体,是内部支架,以动态学习支架的形式在学习过程中发挥作用;教师来源学习支架是主导,是学习支架的设计者和提供者,对技术来源学习支架和同伴来源学习支架作用的发挥起到促进作用。技术增强的学习环境为基于项目的学习提供了丰富的认知工具,技术工具是中性的,其作用的充分发挥依赖于教师的设计。另外,学习作为一种复杂的智力活动,仅有技术工具的支持不足以解决活动过程中的问题。学习发生的本质决定了教师的不可或缺性,技术的发展部分分担了教师的职能,人们希望技术能够最大限度地分担教师的工作甚至取代教师,技术在教学中的应用呈现了智能化(智能导师系统、自适应学习系统等)的特点。此举能够使技术的最新发展充分应用到教学中,但如何运用到学习活动中并支持学习关键取决于教师。另外,技术的优势更多地在基于规则的支持活动,学习作为一种复杂的认知活动,在高阶思维方面,技术无法做到准确地模拟人类的认知,否则创造性将无从谈起,因此,教师在学习活动过程中仍居主导地位。

(三)融合原则

基于项目的在线协作学习中技术支架的融合原则体现在技术来源学习支架

融入学习过程和学习活动中，与学习者的学习自然而然地融为一体。技术只有在融入学习活动中，成为学习有机体的一部分时，才能最大化其对学习的支持作用；否则，技术只是单纯的通用工具，具有支持学习的潜力。技术应用于教育的终极目标是技术退到教育的背后，身处其中却感受不到其存在。技术对于基于项目的学习的支持同样也应如此，如在呈现信息资源方面，与传统课堂中的黑板一样，作为认知工具应当像纸和笔一样普遍而又自然地存在于学习过程中。教师在学习环境的设计中如何恰到好处地运用技术是影响在线学习环境质量的关键。对学习活动的支持离不开教学活动的参与者（教师和学习者），而社会性交互是教学最原始也是最本质的属性，教师对学习的促进作用体现在发现学习者的困惑（认知冲突），并予以引导，促进其认知活动的发生上。同伴在一定程度上也扮演了这样的角色，"独学而无友，则孤陋寡闻"正说明了同伴对学习的重要性。技术对教学的支持由来已久，不同程度上承担学习促进者的功能。如，造纸术和印刷术扩大了知识的来源，所学内容不再仅仅来源于教师的口述；黑板、幻灯片的出现为观点的展现提供了帮助；异步交互工具突破了时空限制，扮演学习者与促进者之间交流媒介的角色，方便了人际交互。麦克卢汉提出媒介是人体的延伸，而在线学习中的技术工具应成为学习者认知的延伸。无论哪种支持工具，都应以学习需要为出发点，各要素相互配合，形成一个多来源、多类型的整体支持体系。

第二节 基于项目的在线协作学习环境支架工具

基于项目的在线协作学习环境中的支架工具主要包括认知活动工具、学习过程管理工具、学习诊断工具以及学习干预工具。

一、认知活动工具

认知工具的概念界定有多种，相关研究较多地从媒介、计算机技术和学习环境的角度进行进行界定。Pea（1985）认为，认知工具是一种媒介，帮助大脑超越在记忆、思维、问题解决等方面的限制。尚晓晶等（2012）将认知工具界定为

"帮助学习者突破思维局限,减轻认知负荷,提高问题解决能力和认知能力的计算机软件工具。"Jonassen（1996）将认知工具定义为以计算机为基础的可用于帮助学习者发展批判性思维与高阶思维的工具或学习环境,并提出认知工具的五种类型,分别是语义组织工具、动态建模工具、信息解释工具、知识构建工具以及对话和协作工具。语义组织工具帮助学习者分析和组织其所拥有或正在学习的内容,如数据库、语义网络。动态建模工具帮助学习者描述观点之间的动态关系,如电子表格、专家系统、系统建模工具等。信息解释工具是指访问和处理信息的工具,如智能信息搜索引擎（搜索、定位资源）,可视化工具（帮助学习者表现和传达心理图像）。知识建构工具旨在建立信息之间的连接,如超媒体。对话和协作工具用于支持学习者通过人际交流收集信息、解决问题从而共同建构学习。支持学习者对话的工具有实时对话（如聊天室、视频会议）和异步讨论（如电子邮件、公告板和计算机会议）（Jonassen 等,1998）。认知工具是非智能工具,当被用于促进学习者反思、讨论和解决问题时,可以起到催化剂的作用,而学习的计划、决策和自我调节是学习者的责任。

　　基于项目的在线协作学习是一个问题解决的过程,也是学习者的认知图式改变的过程,需要通过交互、反思、建模、表征等活动完成。在基于项目的在线协作学习过程中,在线环境中认知工具主要体现为对学习者交互、反思、建模等活动的支持,在问题解决过程中的表现形式如下:①在问题表征阶段,学习者的主要任务是基于自己的认知图式理解问题,在表征问题的过程中析出观念。此阶段认知工具的主要功能在于支持学习者充分表达已有的与问题相关的经验,将认知图式中与问题相关的隐性知识进行组织并呈现。动态建模工具和语义组织工具有助于学习者描述各观点中相关概念之间的关系,帮助学习者呈现已有观念,对问题进行表征。信息解释工具有助于学习者将概念结构可视化。例如,使用概念图表征问题情境中各要素之间的关系以及其中所体现的领域知识之间的关系,运用画板、动画建模等工具构建问题模型,将问题中的隐性条件外显化、可视化。交流协作工具是学习者小组交换观点的重要媒介,问题表征阶段不仅是学习者个体观点析出的阶段,更是学习者小组观点碰撞与协商的重要阶段。为学习者小组提供协作交流工具（如头脑风暴工具）,有助于学习者充分暴露各自对问题的认识,促进观念的析出与辨分以及相互之间更加充分的观点碰撞与协商。②在问题解决方案生成与论证阶段，学习者基于问题寻找新的信息、增加新的观念，对已有观念和新观念进行反思和梳理，在内部形成新的认知图式，在外部则输出问题解决方案。信息解释工具是学习者寻找知识空缺的手段；知识建构工具有助于学习者形成共识，如通过语义组织工具呈现新旧知识之间的关系，通过 Wiki 共同编辑问题解决方案；动态建模工具有助于学习者可视化问题解决方案，如通过画图工具制作建筑设计图纸和仿真模型，更直观地呈现所出方案的效果；交流协作工具是学习者论证方案、完善方案的重要交互途径。基于问题解决方案的讨论能够为学习者提供反思的机会，通过方案所体现的概念知识之间的关系与个体观念之间的对比分析，发现矛盾冲突或不合理之处，修改完善方案。如，使用 Wiki 编辑工具共同修改方案。③问题解决方案实施阶段是人工制品的输出阶段。该阶段的任务参与不仅体现了学习者对领域概念的理解，还检验了学习者操作技能的掌握程度，如通过多媒体课件设计方案完成课件的制作。实施问题解决方案的过程，首先，这是一个内部认知结果进一步外化的过程，建模工具有助于内部表征的外化、可视化，输出具体的人工制品。其次，学习者有可能会遇到新的问题，需要获取新的信息，信息检索工具为学习者完善人工制品检索相关资源提供支持。最后，此阶段也是学习者之间相互评价、不断完善人工制品的过程。组内交流协作工具是学习者小组反思人工制品、提出修改建议并进行协商的工具，如人工制品讨论区。组间交流工具是学习者相互学习与交流的工具，如人工制品的组间互评工具，为学习者全面评价他组作品、提供修改建议、获得他组反馈提供支持。④问题解决过程的监督与评价来自两个方面，一是学习者小组内部和小组之间的监督与评价，小组内部的监督与评价体现在个体反思和组内交互中，相应的认知工具有学习笔记、探究日志、协作学习讨论区；二是教师对学习者个人以及学习小组的监督与评价，对学习者个人的监督与评价基于学习者的学习行为和学习过程中的产出（如交互内容、反思内容、人工制品的制作参与），对学习小组的监督与评价则主要体现在小组的阶段性成果中，如问题表征、问题解决方案、人工制品等。教师对学习者的监督与评价可以利用的技术工具主要是统计分析工具，如学习者个人学习轨迹分析、学习小组的社会交互网络。

此外，在问题解决的各个阶段，学习者均可以使用认知工具进行交互、反思和建模。例如，小组圈子、论坛、探究日志、笔记、疑问。小组圈子是对活动小组提供的组内自由交互工具，用于小组成员在问题解决阶段所进行的各种讨论、共享资源。论坛是一个相对自由的交流区域，用于所有小组成员交流学习过程中遇到的困惑以及技术使用方面的问题。反思工具的形式有探究日志、笔记和疑问。探究日志是一个独立的反思工具，通常是针对整个项目的思考。笔记和疑问则与具体的任务集成在一起，通常是对一个具体任务或问题所进行的反思。其中，疑问是学习者在反思的过程中提出的新问题。

二、学习过程管理工具

学习过程中多种学习活动交织在一起，对学习活动序列进行管理关系到学习过程能否顺利进行。从宏观层面，系统为各小组提供了学习过程的主要活动类别和过程组织工具，如甘特图，有助于理顺各个活动之间的关系，对问题解决过程的各个环节及主要任务进行规划，以可视化的形式呈现学习路径，引导学习过程。从微观层面，为具体的任务提供丰富的交互、反思和建模工具，聚焦学习活动到具体的问题或任务。在学习过程中，教师应根据学习进展和任务完成情况生成学习状态图，使小组及个体的学习过程和状态一目了然。

基于项目的在线协作学习是一个多人协作共同解决问题的过程，灵活、丰富的管理工具有助于降低学习者的无关认知负荷，使其将更多的认知资源集中于问题的解决过程。学习过程管理工具主要针对学习过程的设计、组织、实施及评价。①设计工具。学习设计工具主要是支持教学方案和学习活动安排的工具。在基于项目的学习中，设计工具包括项目描述、问题情境的呈现以及学习阶段和活动序列的配置等。学习阶段和活动序列体现了基于项目的在线协作学习的教学设计理念，在线学习环境应提供模板化的学习空间活动模板，以便自动生成基于项目的学习的学习空间。学习者也可以根据需要手动设置或在已有模板上进行修改，设置学习序列。②学习过程组织工具。包括调查工具、分组工具、学习路径与任务管理工具。问卷调查主要用于课前学情调查和课后满意度反馈。如对学习者的学习准备及学习偏好进行调查。分组工具支持多种分组策略，如根据随机策略新建小组、从系统中其他项目学习活动导入分组。利用学习流程管理工具设置学习环节，插入学习活动工具。在线学习环境可根据任务类型内置结构化的学习路径和认知工具供学习者根据需要选择，学习者也可以自定义学习路径，或者在推荐路径的基础上对其进行调整，对学习过程中的各个环节及关键节点进行规划，在线学习环境在相应的节点给予提醒、提示并安排下一环节的工具，如提交阶段成果提醒、生成互评关系并推送互评任务、使用甘特图规划学习过程。③实施工具。包括任务管理工具、成果管理工具等。在具体的学习过程中，提供任务管理工具，便于学习者对任务进行管理，分解任务，降低任务粒度，使其更具有可操作性。使用任务管理工具制订任务计划，完成任务的时间范围、任务负责人、任务实施方案等。设置成果管理空间，在探究过程中形成的结果可以随时上传或转存到成果管理模块中，方便组内成员评论、完善，学习者依据评价量表对系统中呈现的评价对象信息进行评价。根据最终成果评价结果设置优秀成果并集中展示。④评价工具。评价模块为教师组织评价活动提供工具，基于阶段性成果或最终成果设置评价关系，生成评价任务，对评价过程进行控制，对评价结果进行统计分析，并且将阶段性成果评价结果反馈给评价对象，依据终结性评价结果生成优秀作品并展示。

三、学习诊断工具

学习诊断工具对学习者的学习进展进行分析判断，为学习干预提供依据。学习诊断工具具有收集学习行为和结果数据，并对学习过程和结果数据进行分析的功能。通常，对学习的诊断聚焦在学习者的个体学习行为和结果上，如学习者的资源浏览次数、时序，学习者的交互、反思频次与质量。对于基于项目的在线协作学习，还包括对于小组以及课程所有选课者的学习状态的诊断与监测。无论是面向哪种层次的对象，所依据的数据和评判标准是一致的。对于学习行为数据，主要包括浏览资源的次数与时长、参与认知活动的频率、学习行为时间序列等。对于学习行为数据，所用到的诊断工具通常包括简单的统计分析工具、学习行为时序分析工具以及学习中的社会交互网络分析；目的在于诊断学习是否发生、学习的连续性、学习投入的均衡性和人际互动情况。对于内容类的数据，主要涉及学习的过程与产出，包括认知活动所生成的内容，如交互内容、反思内容、建模结果等。所用到的诊断技术通常有会话分析技术和文本内容分析技术，主要在于诊断学习的深度以及小组知识建构的层次。对于学习的分析，技术工具能够在很大程度上降低教师的工作量和学习者的认知负荷，在工具的设计中，数据处理所依据的理论是诊断的关键。随着技术的不断发展，技术所能支持的诊断对象范围和学习行为与结果的数据范围越来越广泛，对数据的分析逐步深入，呈现出较强的智能化、可视化以及反馈的及时性等特征。学习行为分析工具，通常具有比较明确的规则，分析结果较为确定。学习者能够从分析结果中了解个人或小组的学习状态，如个体的学习参与度、活跃度、在学习小组中的位置。对于学习内容的分析，目前运用较多的是根据一定的标准由教师判断，数据挖掘技术的发展，使得会话分析和文本分析实现了一定程度的自动化，如会话交互自动分析与文本的社会性分析（如观点建模、语义分析和意见挖掘）。

在基于项目的在线协作学习过程中，学习诊断主要面向个体学习者和小组。对于个体学习者的诊断，内容涉及两个方面：一方面是学习者是否积极参与学习过程、认知活动偏好是什么；另一方面是在知识建构过程中的认知活动的交互性和连续性，交互性是从学习者与其他成员之间关系的社会维度来进行的诊断，连续性则是从学习者个体认知发展的时间维度进行的诊断。后者是学习诊断的重点。通常是在问题解决的各个环节通过分析学习者的交互行为、交互内容和建模来实现。例如，学习者在整个问题解决过程中与他人的交互关系、自我交互（即反思）的频次，交互在时间上的分布、学习者在交互中的地位；学习者知识建构内容的深度、连续性，表现在问题表征阶段的观点析出、问题解决方案生成与论证阶段的知识建构、问题解决方案实施阶段的反思与完善。采用学习行为时序分布分析、社会交互网络分析、知识建构层次分析能够较为全面地刻画学习者的学习状态。对于小组学习状态的诊断，较为倾向于对整体的交互情况（如交互密度、凝聚度）以及整体知识建构层次的分析，知识建构主要体现为对人工制品的评价。前者可以采用在线学习环境中所嵌入的社会网络分析工具来分析并呈现；后者则更多地借助于其他组的同伴评价或教师评价的方式（如对学习过程进行阶段性评价），对人工制品的问题和修改建议进行反馈等。

四、学习干预工具

学习干预工具主要是指以技术支架的形式提供学习干预。学习干预的依据是对学习状态的诊断结果,包括通过技术工具进行的诊断以及教师或同伴所给予的反馈意见。学习干预工具既包括动态的学习过程中的干预,也包括学习设计阶段的静态干预。这里更多地强调学习过程中的动态学习支架,包括基于诊断结果而生成的自动反馈、提醒、通知等,如参与学习活动提醒、所需处理任务提醒,以及对学习过程所提出的改进建议,体现为具体的学习支架策略,如提供相关的知识资源、案例资源或基于问题的引导。

第三节 基于项目的在线协作学习环境设计

基于项目的在线协作学习环境是支持该模式教与学活动的一切资源的总和,包括信息资源、认知工具和认知策略支持等。学习环境是教师为学习者的学习创建的外部支持的整体,随着技术的发展,用于支撑教学的工具越来越丰富,对教与学过程的介入呈现出广泛性与深入性的特点,在线学习环境强调计算机、网络等信息通信技术工具对教与学过程的全面渗透,突出了工具在可视化、情境化、协作交流等方面的优势,整合到学习情境和学习空间设计以及对学习活动的支持中。在线学习环境能够将各种以独立模块存在的工具根据需要集成在一起,然后以学习空间的形式将其呈现。在基于项目的在线协作学习中,首先,在技术平台层面应为学习者提供问题解决工具和操作空间(即硬环境)用于支持学习过程的管理及具体活动的实施。其次,学习环境应体现基于项目的在线协作学习的教学设计,如问题呈现、任务设置、活动安排、资源提供、学习过程的支持与辅助,即软环境。硬环境是指使用技术工具构建的活动空间和认知工具,其中认知工具具有通用性,活动空间则是根据基于项目的在线协作学习的特点和具体教学内容构建的活动序列,整合为在线学习的硬环境。软环境由问题、任务以及活动支持构成。技术所构建的硬环境与以资源、策略为主的软环境融为一体。其既是小组成员基于项目进行探究的场所,也是教师诊断学习过程并提供学习干预的依托。基于项目的在线协作学习环境设计如图6-1所示。

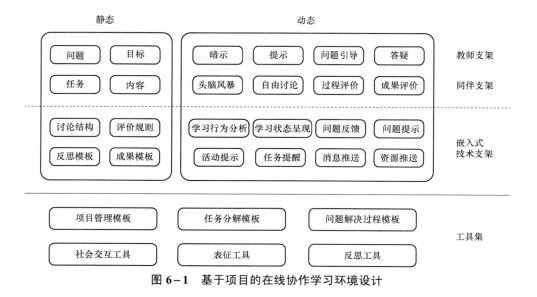

图 6-1 基于项目的在线协作学习环境设计

一、基于项目的在线协作学习硬环境

基于项目的在线协作学习硬环境主要是学习空间中的模板和工具集。在线学习平台提供了丰富的工具集,包括学习设计工具、学习活动工具和学习活动与过程的组织与管理工具。技术提供的工具具有通用性、内容无关性的特点,但是,当技术工具融入学习环境中时,则与学习具有紧密的相关性,而且应体现出为特定学习需求服务的特殊性和针对性。同样的工具,如讨论工具,在项目确定阶段将以头脑风暴的形式出现,提示学习者针对问题分享自己的见解,同时评价同学的观点;在任务执行阶段则围绕问题和任务进行意义协商和知识构建。只有将其根据学习需要以一定的顺序和方式整合到学习空间中,工具才能最大化地发挥其作用。硬环境为学习过程提供了一个静态支架,具有灵活性、可组装性的特点,主要用于学习活动的整体项目结构设计和具体任务完成过程的环节设计。任务执行结构中嵌入了活动管理工具、成果表征工具、社会交互工具,也可以在结构设计中根据需要调用各种工具。根据基于项目的学习的教学设计将学习任务、活动、工具有机组合,形成在线学习活动空间。模板设置与工具调用通过问题解决过程的外显化、可视化为学习者提供元认知支架策略。

（一）在线学习路径设置

为学习者提供学习过程的各种模板是结构化学习过程以降低问题复杂性的重要途径。结构化模板包括项目管理模板、任务分解结构模板和问题解决过程模板，问题解决过程模板又分为活动清单模板和项目状态报告模板（Van Rooij，2009）。学习路径通常整合了在线学习环境提供的学习环节模块，以栏目的形式呈现在学习空间中，按照学习过程的主要环节可以将学习过程分为问题表征阶段、问题解决方案生成与论证阶段、方案实施三个主要环节，监督与评价则以具体活动的形式整合到三个环节中。每个环节对应一个栏目，根据各环节的具体活动也可以对其进一步细分，生成二级栏目。对于较为复杂的项目，可以将任务分为具有逻辑关系的子任务，分别为各个子任务设置学习路径。在学习环节的基础上增加工具集构成学习路径，工具集则主要指社会交互工具、表征工具、反思工具，如用于自由讨论的论坛，要求学习者回应一个开放的主题，然后这种回应就作为这个自由讨论的基本观点呈现出来。用于反思的笔记工具，呈现给学习者一个问题作为提示鼓励他们反思证据或其他呈现给他们的信息。

（二）在线认知活动空间构建

认知活动空间将不同的活动组合在一起，形成一个完整的学习活动序列。认知活动空间的设计基于学习路径的设置，根据具体的学习活动调用不同的工具，以实现学习过程和活动的灵活组配，既可以是信息发布类，也可以从工具集中选择一种工具嵌入，成为特定类型的学习活动模块，以便于对学习活动进行精细化管理。

基于项目的在线协作学习由众多的认知活动组成，从宏观方面可以将其分为同伴交互、反思和建模，从微观层面可以将其进一步细化，体现为不同形式的技术支撑工具。①同伴交互支持工具。在问题表征阶段同伴交互体现为头脑风暴，可以提供在线协作白板、小画桌等工具供学习者自由呈现观点。在问题解决方案生成与论证阶段同伴交互体现为交互、协商，该阶段不仅要输出观点，还要增加新的信息，采用小组讨论区或聊天室用于小组成员交流，并配合信息搜索工具和建模表征工具支持学习者补充新的信息，表征所达成的共识并输出。例如，小组协同使用 Wiki 工具，共同编辑方案内容。在方案实施阶段的同伴交互则扩展到整个课程的选课学生，交互工具主要用于支持组间互评，学习者根据生成的评价任务，按照评价量表对其他组的人工制品阶段成果进行评价反馈。在学习过程中，还可以设置共同论坛，供所有学习者讨论、交流。②反思工具。反思工具主要是针对个体学习者的反思活动提供支持的工具。反思工具在学习的各个阶段均可以使用，一般是以探究日志、笔记、提问等形式提供支持，在学习空间内始终呈现，保持反思过程的及时性和连续性。探究日志是对学习过程中的所思所想的比较完整的呈现，可以供小组成员浏览；而笔记则是针对某一个具体任务的随记，可以选择私密，也可以选择面向小组成员或所有人开放，疑问则主要是对教师开放。笔记和疑问也可以分享到小组讨论区或论坛中，供其他学习者参考和讨论。③建模工具。建模工具主要用于人工制品的制作，也用于各阶段成果的输出，如问题表征、问题解决方案生成等。在问题表征阶段，通常是对概念之间关系的梳理与呈现，对问题情境中的条件、限制及其与相关领域概念之间关系的表征。如概念图、思维导图。在问题解决方案生成阶段，建模工具则是对问题解决方案的完整呈现，可以是动画模拟，也可以通过图形或文字展示。其可用的具体工具有 Wiki、画图工具或动画建模工具。在解决方案实施阶段，建模工具是人工制品制作工具，根据人工制品的形式，建模工具的形式呈现出多样化的特点。对于文字形式的人工制品，通常提供 Wiki 形式的共同编辑工具；对于图形绘制形式的人工制品，则通常提供共同绘图工具。

基于项目的在线协作学习中，有些工具具有通用性，在各个环节都需要用到，如对最终的人工制品的制作与修改完善。有些工具则是对具体某一阶段独特的学习任务的支持。根据所完成任务的性质，基于项目的在线协作学习可以在学习的各个阶段分别嵌入多个工具，每个阶段的内容之间保持独立；也可以调用同一个工具，即在各个环节进入同一个活动空间，保持学习过程的连续性。

（三）在线学习过程管理

学习过程的组织与管理工具面向教师和学生。对于教师而言，学习过程管理工具包括教学设计阶段的小组分组、问卷调查，以及学习过程中的评价的组织与实施等。对于学习者小组或个人而言，则包括小组任务分解工具、探究计划制订工具以及个人任务管理和活动过程动态提醒工具。

二、基于项目的在线协作学习软环境

基于项目的在线协作学习软环境由静态的教学设计和动态的学习过程支持构成。

（一）教学设计

基于项目的在线协作学习的教学设计是对问题和任务、学习活动要求、学习过程建议进行整体设计，并将学习中的内容和学习过程中的相关活动要求、规范、结构和模板嵌入学习活动的支撑工具中。①项目问题和任务设计。问题承载着领域知识学习的目标，嵌入了领域知识的核心概念。问题是学习的"锚"，问题的解决转换成需要完成的任务。围绕具体的任务设计领域知识的关键概念，提供典型案例，将其嵌入活动工具中。为了降低学习者在问题表征阶段的认知负荷，使学习过程更具有可操作性，应对任务进行分解，分解后的子任务承载更为具体的领域知识概念，子任务之间具有连续性和逻辑性。在设计阶段，教师可以将学习目标和任务以可视化的形式呈现，形成学习任务地图，便于学习者整体把握任务之间的关系，并易于在不同的任务之间活动。教师对项目问题和任务的设计与学习平台的结合则体现为学习路径中的具体内容。通常这部分的设计与具体的领域知识相关，因此设计结果因具体项目而不同。②学习活动要求嵌入。学习活动的规范、要求、结构和模板等信息可以置入学习环境中的相应栏目，或者以规则的形式设置在线学习环境的功能，触发相应的提示、提醒、通知等操作，形成嵌入性学习支架。如果结构化学习过程从纵向为学习过程提供支持，嵌入性学习支架则从横向贯穿所有的学习活动。嵌入性学习支架与学习活动过程密切相关，主要通过技术工具替代部分人类支架活动，该层面的学习支架由软件环境提供，具有动态性、因活动而异的特点，所提供的学习支架能够通过明确的规则推理生成。例如，活动提示、任务提醒、消息推送以及具有一般性的问题提示，也可以是具体的有针对性的反馈和建议。根据技术学习支架的介入程度和智能化程度可以将其分为不同的层次，技术学习支架对认知过程的支持越深入，其智能性越高，所能够取代的人类支架越多、越深入。③学习过程建议。基于项目的在线协作学习具有开放性的特点，学习者在学习的过程中具有一定的自由发挥空间。在教学设计阶段，教师可以不完全固定学习路径和学习空间，而是给学习者一定的参与设计的权限。例如，关于学习模块结构和工具的选择与调整，学习者可以根据需要进行自定义。教师干预则以建议的形式提供。

（二）学习过程支持

在基于项目的学习的问题解决及任务完成的过程中，每个子任务的完成或更高层次任务的整合都需要具体的学习活动，教师、同伴和技术学习支架的支持则体现在学习过程中的具体活动中。外部教学环境需要监测、评价学习者小组及个人的学习进展；同时，也需要帮助学习者暴露学习过程中的不足之处，及时发现存在的问题并提供干预。

1. 学习诊断

学习的诊断与干预是教学的核心，对学习诊断的准确性和教学干预的适当性直接影响到学习支持的有效性。学习诊断是对教学实施情况和学生进展情况的监测，学习状态将体现在学习过程和学习成果中，对学习的诊断，即对学习者与资源的交互情况、社会交互与反思以及学习产出的成效的评价。诊断一方面用于判断学习行为是否发生，另一方面是判断行为所产出的学习质量。在基于项目的在线协作学习中，学习行为主要体现为同伴交互、个体反思以及建模行为，学习成果为阶段性成果和最终的人工制品。

1) 同伴交互活动的诊断

基于项目的在线协作学习的同伴交互活动有多种表现形式，如头脑风暴、基于问题解决的意义协商和知识建构的讨论、成果的评论与评价。头脑风暴主要用于问题确定阶段，该活动更多地由学习者小组通过讨论后确定，讨论和评论、评价活动则影响到人工制品的制作和修改。对同伴讨论的行为分析和知识建构的质量的衡量能够诊断同伴讨论的状态及存在的问题。如果技术能够被整合到异步论坛及时抽取和分析信息，如进行数据挖掘分析参与讨论的人的行为，那么这种技术将为教师设计反馈和指导策略提供及时的数据供其参考，或者将自动生成的指导或补充信息及时提供到学习者的讨论中；自动从教学材料数据库抽取补充信息用于学习者参考（Hou，2007）。同伴交互行为分析注重组内同伴的社会交互网络分析，从整体和个体网络参数判断交互结构、成员的角色与地位。对交互质量的衡量则由教师操作，Henri（1992）概括了小组交互的五个维度：参与性、交互性、社会性、认知性和元认知。Thomas 等（2005）结合一些模型创造一个交互分析模型，将小组交互分为三类：①问题解决，聚焦在课程内容、项目模块，或任务完成的知识/信息上。②社会情感，聚焦在任务特定的属性所反映的个人的感觉或情感支持上。③其他，涉及非任务的特定属性。该模型将社会情感因素纳入其中，如关系建立、小组凝聚力、信任和冲突管理（Van Rooij，2009）。Gunawardena 等（1997）强调交互是"发生于建构主义学习环境的意义协商和知识共建的过程中"，以知识建构作为小组交互的结果，提出知识社会建构的五阶段交互分析模型：P1——分享、比较信息；P2——发现与探索观点、概念或声明方面的不一致；P3——意义协商，共同建构知识；P4——检验和修改被推荐的共同建构；P5——一致性陈述/应用新建构的意义。该模型用作检验知识的社会建构过程，阐明参与者在建构主义学习环境中如何通过与同伴交互的不同阶段取得高层次的批判性思维。该模型被广泛用于检验在线学习异步交互质量的内容分析指标，交互阶段越高，意义理解越深入，知识建构的质量越高。交互行为分析和交互质量分析结果以可视化的方式呈现有助于教师和学习者了解学习现状，提供干预或反思改进。同伴对成果的评论和评价是同伴之间的一种间接交互，对这种交互的诊断主要基于对评价行为和反馈评语的分析上。例如，评价任务完成度，是否参与过程性成果的评论。

2）反思活动的诊断

自我反思的形式有记学习笔记、提问、撰写探究日志等。对于反思活动的诊断主要是对其反思行为和反思内容的分析，反思行为分析主要是针对与任务相关的学习笔记次数、提问次数，针对学习活动的探究日志和自我评价行为频次。同伴和教师对笔记、探究日志的评论能够体现反思活动的改进情况。对反思内容的分析能够更深入地了解学习者学习的理解深度，斯巴克斯兰格等（1990）设计的七层反思模型可以对反思内容进行分析，该模型的七个层次分别是：L1——没有描述性的语言；L2——简单的、外行的描述；L3——用合适的术语标记的事件；L4——用传统或个人偏好解释；L5——用合理的原则或理论解释；L6——用原则/理论解释，并能考虑到背景因素；L7——考虑伦理、道德、政治因素的解释。使用该模型衡量反思内容所处的水平，层次越高，说明反思质量越好，认知越深入。

3）成果诊断

成果是学习者认知状态的外化，是学习者建模结果的直接体现。对成果的诊断有助于判断学习者对概念的理解情况和方法的掌握情况。成果诊断最直接的方法是根据学习目标和评价标准判断成果是否达到要求。通常以同伴评价为主要方式，教师评价为辅助手段。同伴对成果的评论和评价是一种更直接和及时的诊断方式。由于不同的个体对同一问题有不同的认识和解释，多个同伴的评价能够更全面地暴露学习者认知中存在的不足、误解，同伴评价能够更早识别与分析错误和误解。学习活动诊断和成果诊断的目的在于促进有效学习的发生。学习目标的达成体现在学习过程和学习成果中，因此，学习诊断集中在是否发生了学习行为、发生的学习行为质量如何两个方面。在学习行为分析方面技术有着独特的优势，以嵌入式评价工具的形式存在；而对于质量的分析则主要由教师和同伴来实施，分析结果则可以利用技术工具予以呈现。

2. 学习干预

学习干预是在学习诊断的基础上，为促进学习行为的发生和提升学习质量提供的各种形式的支持。学习干预的形式有提示、暗示、问题引导与建议、评价与评论。①提示能够及时通知学习者参与具体的学习活动，如同伴发帖、回帖、评论信息，笔记、探究日志、过程性成果提交等行为，基于这些行为所触发的提示、提醒方便学习者及时参与到同伴交互活动中，促进学习行为的发生。②暗示为学习活动提供策略，通常是较为隐晦的策略指导或问题引导，用在学习者个体反思活动中。提示和暗示可以嵌入学习环境中，自动地融入学习过程。③问题引导和建议是学习干预中较为复杂的工作，通常用于规则性不强的诊断结果。此种类型的学习干预通常由教师施加。例如，教师对小组整体活动进行指引，根据交互过程中的问题引导学习者保持学习方向，针对成果所提出的改进建议促进学习者掌握领域核心概念或进行专家思考。④评价与评论主要体现为学习过程中的同伴互评，是同伴干预的一种方式。评价与评论包括学习者相互之间对笔记、日志的评论，对成果的评论和评价，以及自由讨论过程中出现的评论。

学习干预可以来自教学设计阶段嵌入学习环境中的技术学习支架，如提示、提醒、暗示，其目的通常在于促进学习行为的发生以及学习特点的呈现，相对来说具有较强的客观性，其出现与否以及出现的时机完全取决于学习者的学习行为，通常是隐性的。同时，学习干预离不开基于人际互动的学习支架，主要体现为与教师、同伴所提供的人类学习支架。人类学习支架则更加集中于复杂的认知策略和元认知策略层次，以社会交互的形式呈现，主要通过对话的方式生成，如小组成员之间的自由讨论、成果互评、个人表征的评论，以及教师给予小组的指导建议、反馈和对个人进行的答疑指导活动，通常是显性的。此类学习干预更接近于传统意义上的学习支架，是学习支架体系的灵魂，决定了学习干预的成效。人类学习支架以社会交互的方式形成学习干预，具体表现为结构化学习支架策略、问题化学习支架策略、模型化学习支架策略和知识化学习支架策略在基于项目的在线协作学习过程中的应用。

1）教师干预

在基于项目的在线协作学习中，教师干预始终起到主导作用。在教学设计阶段，教师干预体现为对教学和技术环境的设计，在学习过程中，教师干预则体现为在诊断结果基础上提供学习支架策略。下面分别介绍在学习过程中教师所提供的四种学习支架策略的具体运用：

（1）结构化学习支架策略。

不同于教学设计阶段教师对学习过程和环节的结构化设计，在学习过程中，结构化学习支架策略聚焦于任务结构及其与学习者的认知结构之间的关系上，为学习者的知识建构提供框架。例如，项目要求学习者基于材料中的问题完成材料分析报告，教师在这个过程中针对材料问题所体现的知识点及其之间的关系的梳理，能够为学习者限定问题分析的范围，锁定问题与领域知识之间的连接，基于给定的结构深入分析各个要素所涉及的问题与领域知识概念之间的关系，以及不同要素之间的关系。结构化学习支架策略的形式既可以是以文字形式表述的知识结构，也可以是概念图或知识地图的形式。

（2）问题化学习支架策略。

问题化学习支架策略是引导学习者认知发展的核心，体现了学习者认知建构过程的认知冲突与认知平衡状态的螺旋发展过程。问题化学习支架的提供基于学习者已经析出的观念，教师首先应根据析出观念判断学习者或学习者小组的认知建构状态，依据其错误或不当之处，引导学习者的思考方向，使其一步步接近正确的概念。在基于项目的在线协作学习中，学习者个体或小组析出观念表现为交互内容、反思内容以及建模外化物等多种形式，如，问题表征阶段的头脑风暴内容、问题解决方案、反思笔记、探究日志、人工制品等。学习者的认知发展状态往往体现在多种形式的认知外化物之中，需要教师整合各种学习产出并进行综合判断，这个过程也表现了认知的复杂性。对问题化学习支架的提供也应遵循最近发展区原理，因此问题化学习支架具有更强的个体针对性。

（3）模型化学习支架策略。

模型是学习者学习的最便捷的途径，对于基于项目的在线协作学习，教师所提供的模型化学习支架包括产品模型和过程模型。如，项目要求学习者绘制一份桥梁设计图纸，为学习者提供相关的图纸设计方案，有助于学习者快速完成任务；为学习者提供图纸设计所用到的原理，设计过程及决策细节，则有助于加深学习者对知识获取过程的理解深度。无论是哪种形式的模型化学习支架，其作用的发挥都依赖于学习者的练习。模仿、练习、反思、改进在学习的过程中不断迭代，教师应结合其他学习支架策略促进模型化学习支架策略作用的发挥，如结合问题化学习支架策略和知识化学习支架策略。

（4）知识化学习支架策略。

概念建构的过程一般经过析出观念、添加新观念、辨分观念、反思和梳理观念等环节。因此，添加新的知识是基于项目的在线协作学习过程中的重要环节。在学习过程中，教师应基于学习者析出的观念及解决问题的需要为其提供新的知识。以学习支架形式呈现的知识通常具有细粒度、针对性强等特点。教师对知识的选取降低了学习者面对整个知识体系或者大粒度知识概念时所产生的认知负荷。细粒度的知识更容易与学习者的已有知识结构整合。在问题解决的整个过程中，教师都应根据学习者所析出的概念及面临的问题适时为其提供适当的知识概念，为学习者的观念辨分提供条件，也为知识的建构提供原料。知识化学习支架既可以知识的形式独立存在，也可以融入其他形式的学习支架中，如融入问题化学习支架和模型化学习支架中。

2）同伴学习支架

在基于项目的在线协作学习过程中，同伴干预是学习过程中自然而然的存在，是学习过程中不可或缺的一部分，同伴干预作为一种内部学习支架，是知识建构的内部驱动力。同伴之间的交互为学习者析出观念、辨分观念提供了天然的条件。首先,学习者所析出的个体观念为其他学习者提供了新的学习资源,起到了知识化学习支架的作用,有助于学习者与自我观念进行对比分析。需要注意的是,由于学习者群体在学习准备方面较为接近,所析出的观念也呈现出更多的同质性,但不能否认学习者个体经验层面的差异性,这种差异性能够成为其他学习者的最近发展区。其次,在辨分观念过程中所产生的疑问起到了问题化学习支架的作用。同伴交互只有在相互诘问的过程中才能更好地实现意义协商与知识建构,对同一问题或对象的不同看法能够相互引发认知冲突,促使学习者论证、检验自己的观点,在辨分观点的过程中消除认知冲突。最后,同伴之间的互评是更为直接的学习支架,在项目进展过程中,阶段性的人工制品互评活动一方面为学习者提供了模型化学习支架;另一方面同伴的反馈为学习者提供了改进方向和建议,能够形成问题化学习支架和知识化学习支架。

第四节 小 结

本章探讨了基于项目的在线协作学习的环境构建问题,阐述了基于项目的在线协作学习环境构建的原则、技术来源学习支架工具的类型及在线学习环境的构建方案。

基于项目的在线协作学习环境构建应基于适量原则、整合原则和融合原则。适量原则要求学习环境中所提供的支架应适度,本着降低无关认知负荷和促进相关认知负荷的原则为学习者提供支持,使其认知始终处于最近发展区之内。整合原则体现在技术来源学习支架之间的整合和技术来源学习支架与其他来源学习支架之间的整合上。技术来源学习支架之间应形成一个统一的整体,在学习过程的各个阶段以及学习活动的各个方面之间建立连接。技术来源学习支架与来自教师、同伴的学习支架应优势互补、相互融合。技术来源学习支架是基础,为学习过程提供外部支持,以静态支架的形式嵌入基于项目的在线协作学习设计中;同伴来源学习支架是主体,是内部支架,以动态支架的形式在学习过程中发挥作用;教师来源学习支架是主导,是学习支架的设计者和提供者,对于技术来源学习支架和同伴来源学习支架作用的发挥起到促进作用。融合原则体现在技术来源学习支架融入学习过程和学习活动方面，与学习者的学习自然而然地融为一体，退到教学的背后，成为学习有机体的一部分，使学习者身处其中却感受不到其存在。

技术来源学习支架工具包括认知活动工具、学习过程管理工具、学习诊断工具和学习干预工具。认知活动工具主要是对复杂问题解决过程的支持，体现为多种形式的同伴交互工具、个体反思工具和建模工具。如语义组织工具、动态建模工具、信息解释工具、知识建构工具、交流协作工具等。学习过程管理工具包括支持教学方案和学习活动安排的学习设计工具、学习过程组织与管理工具、任务管理和成果管理工具以及评价工具。学习诊断工具是对学习者的在线学习行为的统计、分析与可视化呈现的工具，以及对在线学习生成内容进行分析的工具。学习干预工具是基于学习诊断结果为学习者提供反馈的工具。

在线学习环境包括由技术工具构建的硬环境以及由教学设计和教学策略构成的软环境。基于项目的在线协作学习的硬环境主要有学习空间中的模板和工具集，其作用是结构化学习过程，设置学习路径和学习活动空间。基于项目的在线协作学习的软环境由静态的教学设计和动态的学习过程支持组成。教学设计是对问题和任务、学习活动要求、学习过程建议进行整体设计，然后将学习中的内容和学习过程中的相关活动要求、规范、结构和模板嵌入学习活动的支撑工具中。学习过程支持包括对学习的诊断和干预。在基于项目的在线协作学习中，诊断一方面用于判断同伴交互、个体反思以及建模等学习行为是否发生；另一方面是评价学习产出的质量，包括阶段性成果和最终的人工制品。学习干预是在学习诊断的基础上，为促进学习行为发生和学习质量提升而提供的各种形式的支持。其主要体现为教师和同伴通过社会交互所施加的干预，教师干预以结构化学习支架策略、问题化学习支架策略、模型化学习支架策略和知识化学习支架策略的形式提供。同伴支架体现在学习者交互过程中所形成的析出观念、辨分观念、添加观念、反思和梳理观念的过程中，以知识化学习支架策略、问题化学习支架策略和模型化学习支架策略的形式存在。

参考文献

[1] Anderson J R, Fincham J M, Douglass S. The role of examples and rules in the acquisition of a cognitive skill[J]. Journal of experimental psychology: learning, memory, and cognition, 1997, 23(4): 932–945.

[2] Andersona J R. Acquisition of cognitive skill[J]. Psychological review. 1982, 89: 369–406.

[3] Andersona J R. Cognitive skills and their acquisition[M]. NJ: Erlbaum, 1981.

[4] Bandura A. Social foundation of thought and action: A social cognitive theory[M]. New York: Prentice Hall, 1986.

[5] Barron B J S, Schwartz D L, Vye N J, et al. Doing with understanding: Lessons from research on problem and project-based learning[J]. Journal of the learning sciences, 1998, 7(3–4): 271–311.

[6] Barron B. When smart groups fail[J]. Journal of the learning sciences, 2003, 12(3): 307–359.

[7] Bell P. Scientific arguments as learning artifacts: Designing for learning from the web with KIE[J]. International journal of science education, 2000, 22(8): 797–817.

[8] Bereiter C, Scardamalia M. Intentional learning as a goal of instruction//Lauren Resnick. Knowing, learning, and instruction: Essays in honor of Robert

Glaser[M]. London: Routledge, 1989.

[9] Bereiter C, Scardamalia M.Surpassing ourselves: An inquiry into the nature and implications of expertise[M].Chicago: Open Court, 1993.

[10] Berthold K, Renkl A. Instructional aids to support a conceptual understanding of multiple representations[J]. journal of educational psychology, 2009, 101, 70–87.

[11] Bjork R A. Memory and metamemory considerations in the training of human beings//Metcalfe J, Shimamura A(Eds.). Metacognition: Knowing about knowing[M]. Cambridge, MA: MIT press, 1994: 185–205.

[12] Bloom B S. Taxonomy of educational objectives. Vol. 1: Cognitive domain[M]. New York: McKay, 1956.

[13] Blumenfeld P C, Kempler T M, Krajcik J S. Motivation and cognitive engagement in learning environments//Sawyer R K. Cambridge handbook of the learning sciences[M]. New York: Cambridge university press, 2006.

[14] Blumenfeld P C, Soloway E, Marx R W, et al. Motivating project-based learning: Sustaining the doing, supporting the learning[J]. Educational psychologist, 1991, 26(3–4): 369–398.

[15] Blunden A. Problem-based learning and its application to in-house law firm training[J]. Journal of Professional Legal Education, 1990(8): 115–138.

[16] Bransford J D, Brown A L, Cocking R R(Eds.). How people learn: Brain, mind, experience, and school[M]. Washington, DC: The national academies press, 1999.

[17] Bransford J D, Schwartz D. Rethinking transfer: A simple proposal with multiple implications[J]. Review of research in education, 1999, 24: 61–100.

[18] Bransford J D. Human cognition: Learning, understanding, and remembering [M]. Belmont, CA: Wadsworth, 1979.

[19] Brown A L, Reeve R A. Bandwidths of competence: The role of supportive contexts in learning and development//Development and learning: Conflict or

congruence?The Jean Piaget symposium series[M]. NJ: Erlbaum, 1987: 173-223.

[20] Brown A L, Campione J C. Psychological theory and the design of innovative learning environments: On procedures, principles, and systems[M]. Appleton: Lawrence Erlbaum Associates, 1996.

[21] Bruner J S. From communication to language: A psychological perspective[J]. Cognition, 1975, 3(3): 255-287.

[22] Carroll J M. Human-Computer Interaction in the New Millennium[M]. New York: ACM press, 2001.

[23] Chan Lin L J. Technology integration applied to project-based learning in science[J]. Innovations in education and teaching international, 2008, 45(1): 55-65.

[24] Chi M T H, Bassok M, Lewis M W, et al. Self-explanations: How students study and use examples in learning to solve problems[J]. Cognitive science, 1989, 13(2): 145-182.

[25] Chi M T H, Feltovich P J, Glaser R. Categorization and representation of physics problems by experts and novices[J]. Cognitive science, 1981, 5(2): 121-152.

[26] Chi M T H, Glaser R. Problem solving ability//Robert J Sternberg. Human abilities: An information-processing approach[M]. New York: W H Freeman and Company, 1985: 227-257.

[27] Chi M T H, Glaser R, Farr M. The nature of expertise[M]. NJ: Erlbaum, 1988: 311-342.

[28] Chinowsky P S, Brown H, Szajnman A, et al. Developing knowledge landscapes through project-based learning[J]. Journal of Professional Issues in Engineering Education and Practice, 2006, 132(2): 118-124.

[29] Colins A, Brown J S, Newman S E. Cognitive apprenticeship: Teaching the crafts of reading, writing, and mathematics[J]. Thinking: The Journal of

Philosophy for Children, 1988, 8(1): 2 – 10.

[30] Collins A, Brown J S, Newman S E. Cognitive apprenticeship: Teaching the crafts of reading, writing, and mathematics[J]. Knowing, learning and instruction: Essays in honor of Robert Glaser, 1989(18): 32 – 42.

[31] Collins A, Brown J S. The computer as a tool for learning through reflection[M]. New York: Springer, 1988.

[32] Collins A, Brown J S, Newman S E. Cognitive apprenticeship: Teaching the crafts of reading, writing, and mathematics[J]. Thinking: The Journal of Philosophy for Children, 1988, 8(1): 2 – 10.

[33] Collins A. Cognitive apprenticeship and instructional technology: BBN-R – 6899[R]. Cambridge: BBN Systems and Technologies Corporation, 1988.

[34] Collins A. Cognitive apprenticeship and instructional technology[R]. University of Illinois at Urbana-Champaign, 1989.

[35] Collins A. Cognitive apprenticeship//R Keith Sawyer. The cambridge handbook of the learning sciences[M]. Cambridge: Cambridge University Press, 2006.

[36] Cooper G, Sweller J. Effects of schema acquisition and rule automation on mathematical Problem-Solving transfer[J]. Journal of education psychology, 1987, 79(4): 347 – 362.

[37] Darabi A, Nelson D W, Meeker R, et al. Effect of worked examples on mental model progression in a computer-based simulation learning environment[J]. Journal of computation in higher education, 2010, 22: 135 – 147.

[38] Davis E A. Scaffolding students' knowledge integration: Prompts for reflection in KIE[J]. International Journal of Science Education, 2000, 22(8): 819 – 837.

[39] De Vries E, Lund K, Baker M. Computer-mediated epistemic dialogue: Explanation and argumentation as vehicles for understanding scientific notions[J]. Journal of the learning sciences, 2002, 11(1): 63 – 103.

[40] DeGroot A D. Thought and choice in chess[M]. The Hague: Mouton, 1965.

［41］ Dewey J. Experience and education[J]. The educational forum, 1986, 50(3): 241－252.

［42］ Dillenbourg P. Over-scripting CSCL: The risks of blending collaborative learning with instructional design//Kirschner P A(Ed). Three worlds of CSCL[C]: Can we support CSCL. Heerlen: Open universiteit nederland, 2002: 61－91.

［43］ Driver R, Newton P, Osborne J. Establishing the norms of scientific argumentation in classrooms[J]. Science education, 2000, 84(3): 287－312.

［44］ Edelson D C, Gordin D N, Pea R D. Addressing the challenges of inquiry-based learning through technology and curriculum design[J]. Journal of the learning sciences, 1999, 8(3－4): 391－450.

［45］ Feltovich P J, Spiro R J, Coulson R L, et al. Collaboration within and among minds: Mastering complexity, individuality and in groups//Koschmann T D. CSCL, theory and practice of an emerging paradigm[M]. NJ: Erlbaum, 1996: 25－44.

［46］ Gagne R. The Conditions of learning and theory of instruction robert gagné[M]. New York: Holt, rinehart and winston, 1985.

［47］ Ge X, Land S M. A conceptual framework for scaffolding III-structured problem-solving processes using question prompts and peer interactions[J]. Educational technology research and development, 2004, 52(2): 5－22.

［48］ Ge X, Land S M. Scaffolding students' problem-solving processes in an ill-structured task using question prompts and peer interactions[J]. Educational Technology Research and Development, 2003, 51(1): 21－38.

［49］ Gezels J, M Csikizentmihalyi. The creative vision[M]. New York: Wiley, 1976.

［50］ Gick M L. Problem-solving strategies[J]. Educational psychologist, 1986, 21(1－2): 99－120.

［51］ Gijselaers W H. Connecting problem-based practices with educational theory[J]. New directions for teaching and learning, 1996(68): 13－21.

[52] Glaser R, M T H Chi. Overview in the nature of expertise[M]. NJ: Erlbaum, 1988.

[53] Greeno J G. Natures of problem-solving abilities[J]. Handbook of learning and cognitive processes, 1978(5): 239–270.

[54] Gunawardena C N, Lowe C A, Anderson T. Analysis of a global online debate and the development of an interaction analysis model for examining social construction of knowledge in computer conferencing[J]. Journal of educational computing research, 1997, 17(4): 397–431.

[55] Halpern D F. In enhancing thinking skills in the sciences and mathematics[M]. NJ: Erlbaum, 1992.

[56] Heitmann G. Project-oriented study and project-organized curricula: A brief review of intentions and solutions[J]. European journal of engineering education, 1996, 21(2): 121–131.

[57] Henri F. Computer conferencing and content analysis[M]. Berlin: Springer, 1992.

[58] Hmelo-Silver C E, Duncan R G, Chinn C A. Scaffolding and achievement in problem-based and inquiry learning: A response to Kirschner, Sweller and Clark[J]. Educational psychologist, 2007, 42(2): 99–107.

[59] Hmelo-Silver C E. Collaborative ways of knowing: Issues in facilitation//Proceedings of the Conference on Computer Support for Collaborative Learning: Foundations for a CSCL Community[C]. International Society of the Learning Sciences, New York: International Society of the Learning Sciences, 2002: 199–208.

[60] Hoogerheide V, Loyens S M M, Van Gog T. Comparing the effects of worked examples and modeling examples on learning[J]. Computers in human behavior, 2014, 41, 80–91.

[61] Hoogveld A W M, Paas F, Jochems W M G. Training higher education teachers for instructional design of competency-based education: Product-oriented

versus process-oriented worked examples[J]. Teaching and Teacher Education, 2005, 21, 287 – 297.

[62] Hou H T, Chang K E, Sung Y T. An analysis of peer assessment online discussions within a course that uses project-based learning[J]. Interactive learning environments, 2007, 15(3): 237 – 251.

[63] Huang H W, Wu C W, Chen N S. The effectiveness of using procedural scaffoldings in a paper-plus-smartphone collaborative learning context[J]. Computers & Education, 2012, 59(2): 250 – 259.

[64] Iscioglu E, Kale I. An assessment of project based learning(PBL)environment based on the perceptions of students: a short course case study on circuit design for VLSI[J]. International Journal of Engineering Education, 2010, 26(3): 117 – 121.

[65] Isotani S, Bourdeau J, Mizoguchi R, et al. Guest Editorial: Special issue on intelligent and innovative support systems for CSCL[J]. IEEE Transactions on Learning Technologies, 2011, 4(1): 1 – 4.

[66] Jiang X J. An empirical study on the correlation between project-based learning and deep approach of learning[J]. International workshop on IEEE, 2008(2): 22 – 25.

[67] Jonassen D H. Computers in the classroom: Mindtools for critical thinking[M]. Englewood Cliffs, NJ: Prentice Hall, 1996.

[68] Jonassen D H. Instructional design models for well-structured and Ⅲ-structured problem-solving learning outcomes[J]. Educational Technology Research and Development, 1997, 45(1): 65 – 94.

[69] Jonassen D H , Carr C , Yueh H P . Computers as mindtools for engaging learners in critical thinking[J]. Techtrends, 1998, 43(2):24 – 32.

[70] Jonassen D H, Ionas I G. Designing effective supports for causal reasoning[J].Educational Technology Research and Development, 2008,56, 287 – 308.

[71] Kalyuga S, Ayres P, Chandler P, et al. The expertise reversal effect[J]. Educational Psychologist. 2003, 38(1): 23 – 31.

[72] Kalyuga S, Chandler P, Tuovinen J, Sweller J. When problem solving is superior to studying worked examples[J]. Journal of educational psychology, 2001, 93(3): 579 – 588.

[73] Karasavvidis I. Distributed cognition and educational practice[J]. Journal of interactive learning research, 2002, 13(1): 11.

[74] King A, Rosenshine B. Effects of guided cooperative questioning on children's knowledge construction[J]. The Journal of Experimental Education, 1993, 61(2): 127 – 148.

[75] King A. Effects of training in strategic questioning on children's problem-solving performance[J]. Journal of educational psychology, 1991, 83(3): 307 – 317.

[76] King A. Facilitating elaborative learning through guided student-generated questioning[J]. Educational Psychologist, 1992, 27(1): 111 – 126.

[77] King A. Verbal interaction and problem-solving within computer-assisted cooperative learning groups[J]. Journal of educational computing research, 1989, 5(1): 1 – 15.

[78] Kitchner K S. Cognition, metacognition and epistemic cognition[J]. Human development, 1983, 26(4): 222 – 232.

[79] Klahr D. Exploring science: The cognition and development of discovery processes[M]. Boston: MIT Press, 2002.

[80] Kollar I, Fischer F, Slotta J D. Internal and external scripts in computer-supported collaborative inquiry learning[J]. Learning and Instruction, 2007, 17(6): 708 – 721.

[81] Krajcik J, Blumenfeld P C, Marx R W, et al. Inquiry in project-based science classrooms: Initial attempts by middle school students[J]. Journal of the Learning Sciences, 1998, 7(3 – 4): 313 – 350.

[82] Krathwohl D R . A Revision of Bloom's Taxonomy: An Overview[J]. Theory Into Practice, 2002, 41(4):212 – 218.

[83] Kubiatko M, Vaculová I. Project-based learning: characteristic and the experiences with application in the science subjects[J]. Energy education science and technology Part B, 2011(3): 65 – 74.

[84] Kuhn D, Amsel E, O'Loughlin M, et al. The development of scientific thinking skills[M]. San Diego: Academic press, 1988.

[85] Kuhn D. Science as argument: Implications for teaching and learning scientific thinking[J]. Science education, 1993, 77(3): 319 – 337.

[86] Kurth L A, Anderson C W, Palincsar A S. The case of Carla: Dilemmas of helping all students to understand science[J]. Science education, 2002, 86(3): 287 – 313.

[87] LaBerge D, S J Samuels. Toward a theory of automatic information processing in reading[J]. Cognitive psychology, 19746: 293 – 323.

[88] Laffey J, Tupper T, Musser D, et al. A computer-mediated support system for project-based learning[J]. Educational technology research and development, 1998, 46(1): 73 – 86.

[89] Lajoie S P. Derry S J. A middle camp for(un)intelligent instructional computing: An introduction[A]. Lajoie S P, Derry S J. Computers as cognitive tools[C]. NJ: Erlbaum, 1993: 1 – 11.

[90] Lajoie S P, Derry S J. Computers as cognitive tools[M]. NJ: Erlbaum, 1993: 15 – 46.

[91] Larmer J, Mergendoller J R. Seven essentials for project-based learning[J]. Educational leadership, 2010, 68(1): 34 – 37.

[92] Lave J, Wenger E. Situated Learning: Legitimate peripheral participation[M]. New York: Cambridge university press, 1991.

[93] Lepper M R, Woolverton M, Mumme D L, et al. Motivational techniques of expert human tutors: Lessons for the design of computer-based tutors//Susanne

P Lajoie, Sharon J Derry. Computers as cognitive tools[C]. London: Routledge, 1993: 75−105.

[94] Levy F, Murnane R J. The new division of labor: How computers are creating the next job market[M]. Princeton: Princeton university press, 2012.

[95] Lipscomb L, Swanson J, West A. Scaffolding//Orey M. Emerging Perspectives on Learning, Teaching and Technology[M]. Charleston: Createspace, 2012.

[96] Loh B, Reiser B J, Radinsky J, et al. Developing reflective inquiry practices: A case study of software, the teacher, and students[J]. Designing for science: Implications from everyday, classroom, and professional settings, 2001: 279−323.

[97] Loh T B. Using articulation and inscription as catalysts for reflection: Design principles for reflective inquiry[D]. Evanston: Northwestern University, 2003.

[98] Mayer R E. Should There Be a Three-Strikes Rule Against Pure Discovery Learning?[J]. American psychologist, 2004, 59(1): 14−19.

[99] Mcguinness C. Problem representation: The effects of spatial arrays[J]. Memory & Cognition, 1986, 14(3): 270−280.

[100] McLoughlin C, Luca J. A learner-centred approach to developing team skills through web-based learning and assessment[J]. British journal of educational technology, 2002, 33(5): 571−582.

[101] Merrill D C, Reiser B J, Merrill S K, et al. Tutoring: Guided learning by doing[J]. Cognition and instruction, 1995, 13(3): 315−372.

[102] Miller G A. The magical number seven, plus or minus two: some limits on our capacity for processing information[J]. Psychological review, 1956, 63(2): 81−97.

[103] Miller R B. The information system designer. in The Analysis of Practical Skills, W. T. Singleton, ed[J]. Baltimore, MD: University Park Press, 1978: 278−291.

[104] Mills N. A Guide du Routard Simulation: Increasing Self‐Efficacy in the

Standards Through Project-Based Learning[J]. Foreign Language Annals, 2009, 42(4): 607 – 639.

[105] Monteserin A, Schiaffino S, Amandi A. Assisting students with argumentation plans when solving problems in CSCL[J]. Computers & education, 2010, 54(2): 416 – 426.

[106] Morgan A. Theoretical aspects of project-based learning in higher education[J]. British journal of educational technology, 1983, 14(1): 66 – 78.

[107] Morrison M, Morgan M S. Models as mediating instruments[J]. Ideas in Context, 1999(52): 10 – 37.

[108] Newell A, Simon H A. Human problem solving[M]. Englewood Cliffs: Prentice-Hall, 1972.

[109] Newell A.Unified theories of cognition[M]. Cambridge MA:Harvard University Press,1994.

[110] Norman D A. Things that make us smart: Defending human attributes in the age of the machine[M]. New York: Basic Books, 1993.

[111] Noroozi O, Weinberger A, Biemans H J A, et al. Facilitating argumentative knowledge construction through a transactive discussion script in CSCL[J]. Computers & education, 2013(61): 59 – 76.

[112] Novak A M , Krajcik J S . Using Technology To Support Inquiry In Middle School Science[M]. Springer Netherlands, 2006.

[113] Paas F, Renkl A, Sweller J. Cognitive load theory and instructional design: Recent developments[J]. Educational psychologist, 2003(38): 1 – 4.

[114] Paas F, Renkl A, Sweller J. Cognitive load theory: Instructional implications of the interaction between information structures and cognitive architecture[J]. Instructional Science, 2004(32): 1 – 8.

[115] Palincsar A S, Brown A L, Martin S M. Peer interaction in reading comprehension instruction[J]. Educational psychologist, 1987, 22(3 – 4): 231 – 253.

[116] Palincsar A S. Social constructivist perspectives on teaching and learning[J]. Annual Reviews, 1998(49): 345−375.

[117] Palincsar A S. The role of dialogue in providing scaffolded instruction[J]. Educational psychologist, 1986, 21(1−2): 73−98.

[118] Palinscar A S, Brown A L. Reciprocal teaching of comprehension-fostering and comprehension-monitoring activities[J]. Cognition and instruction, 1984, 1(2): 117−175.

[119] Pea R D. Beyond amplification: Using the computer to reorganize mental functioning[J]. Educational psychologist, 1985, 20(4): 167−182.

[120] Pea R D. The social and technological dimensions of scaffolding and related theoretical concepts for learning, education and human activity[J]. The journal of the learning sciences, 2004, 13(3): 423−451.

[121] Perkins D. What is understanding[J]. Teaching for understanding: Linking research with practice, 1998: 39−57.

[122] Prince M, Felder R. The many faces of inductive teaching and learning[J]. Journal of College Science Teaching, 2007, 36(5): 14−20.

[123] Puntambekar S, Hubscher R. Tools for scaffolding students in a complex learning environment: What have we gained and what have we missed[J]. Educational psychologist, 2005, 40(1): 1−12.

[124] Quintana C, Eng J, Carra A, et al. Symphony: A case study in extending learner-centered design through process space analysis//Proceedings of the SIGCHI conference on Human Factors in Computing Systems[C]. ACM, 1999: 473−480.

[125] Raes A, Schellens T, Wever B D, et al. Scaffolding information problem solving in web-based collaborative inquiry learning[J]. Computers & Education, 2012, 59(1): 82−94.

[126] Reif F, Larkin J H. Cognition in scientific and everyday domains: Comparison and learning implications[J]. Journal of Research in Science Teaching, 1991,

28(9): 733 – 760.

[127] Reiser B J. Scaffolding complex learning: The mechanisms of structuring and problematizing student work[J]. The Journal of the Learning Sciences, 2004, 13(3): 273 – 304.

[128] Renkl A, Atkinson R K. An example order for cognitive skill acquisition//Ritter F E, Nerb J, Lehtinen E, Shea T M O'. In order to learn: How the sequence of topics influences learning[M]. New York: Oxford University Press, 2007: 95 – 105.

[129] Renkl A. Learning from worked-out examples: Instructional explanations supplement self-explanations[J]. Learning and Instruction, 2002, 12, 529 – 556.

[130] Renkl A. The worked-out-example principle in multimedia learning//Mayer R. Cambridge handbook of multimedia learning[M]. New York: Cambridge University Press, 2005: 229 – 246.

[131] Renkl A. Toward an instructionally oriented theory of example-based learning[J]. Cognitive science, 2014, 38(1): 1 – 37.

[132] Rienties B, Giesbers B, Tempelaar D, et al. The role of scaffolding and motivation in CSCL[J]. Computers & Education, 2012, 59(3): 893 – 906.

[133] Roberts N, Barclay T. Teaching model building to high school students: Theory and reality[J]. Journal of Computers in Mathematics and Science Teaching(Fall), 1988: 13 – 24.

[134] Rogoff B. Apprenticeship in thinking: Cognitive development in social context[M]. New York: Oxford University Press, 1990.

[135] Salomon G. No distribution without individual's cognition: A dynamic interaction view[J]. Distributed Cognitions Psychological & Educational Considerations, 1993：111 – 138.

[136] Salomon G, Perkins D N, Globerson T. Partners in cognition: Extending human intelligence with intelligent technologies[J]. Educational researcher,

1991, 20(3): 2 – 9.

[137] Savelsbergh E R, De Jong T, Ferguson-Hessler M G M. Competence related differences in problem representations//Someren M van, Reimann P, Jong T de, et al. The role of multiple representations in learning and problem solving[M]. Amsterdam: Elservier, 1998.

[138] Scarbrough H, Bresnen M, Edelman L F, et al. The Processes of Project-based Learning An Exploratory Study[J]. Management Learning, 2004, 35(4): 491 – 506.

[139] Scardamalia M, Bereiter C. Higher levels of agency for children in knowledge building: A challenge for the design of new knowledge media[J]. The Journal of the learning sciences, 1991, 1(1): 37 – 68.

[140] Schauble L, Glaser R, Duschl R A, et al. Students' understanding of the objectives and procedures of experimentation in the science classroom[J]. The journal of the Learning Sciences, 1995, 4(2): 131 – 166.

[141] Schauble L, Klopfer L E, Raghavan K. Students' transition from an engineering model to a science model of experimentation[J]. Journal of research in science teaching, 1991, 28(9): 859 – 882.

[142] Scheider W, R M Shiffrin. Categorization (restructuring) and automatization: Two separable factors[J]. Psychological review, 1985, 92(3): 424 – 428.

[143] Schmidt H G. The rationale behind problem-based learning[M]. New York: Springer, 1989.

[144] Schneider W, R M Shiffrin. Controlled and automatic human information processing: Detection, search and attention[J]. Psychological Review, 1977(84): 1 – 66.

[145] Schwartz D L, Bransford J D. A time for telling[J]. Cognition and instruction, 1998, 16(4): 475 – 5223.

[146] Sherin B L. How students understand physics equations[J]. Cognition and instruction, 2001, 19(4): 479 – 541.

[147] Simon H A. Problem solving and education. in Problem Solving and Education: Issues in Teaching and Research, D. T. Tuma and R. Reif, eds[J]. Hillsdale, NJ: Erlbaum, 1980: 81 – 96.

[148] Simon H A. The structure of ill structured problems[J]. Artificial intelligence, 1973, 4(3 – 4): 181 – 201.

[149] Sparks-Langer G M, Simmons J M, Pasch M, et al. Reflective pedagogical thinking: How can we promote it and measure it?[J]. Journal of teacher education, 1990, 41(5): 23 – 32.

[150] Splichal J M, Oshima J, Oshima R. Regulation of collaboration in project-based learning mediated by CSCL scripting reflection[J]. Computers & Education, 2018(125): 132 – 145.

[151] Spiro R J, P L, Feltovich M J, Jackson, R L Coulson. Cognitive flexibility, constructivism, and hypertext: Random access instruction for advanced knowledge acquisiton in ill-structured domains[J]. Educational Technology, 1991,31(5):24 – 33.

[152] Sternberg R J, Talia B Z. The Nature of mathematical thinking[J]. Lawrence Erlbaum Associates, 1996: 27 – 79.

[153] Stevenson E, Azuma H, Hakuta K. Child Development and Education in Japan[M]. New York: W. H. Freeman, 1986.

[154] Stone C A. Should we salvage the scaffolding metaphor[J]. Journal of learning disabilities, 1998, 31(4): 409 – 413.

[155] Stone C A. The metaphor of scaffolding its utility for the field of learning disabilities[J]. Journal of learning disabilities, 1998, 31(4): 344 – 364.

[156] Sweller J. Cognitive load during problem solving: Effects on learning[J]. Cognitive science, 1988, 12(2): 257 – 285.

[157] Sweller J. Element interactivity and intrinsic, extraneous, and germane cognitive load[J]. Educational psychology review, 2010(22): 123 – 138.

[158] Sweller J, Cooper G A. The use of worked examples as a substitute for

problem solving in learning algebra[J]. Cognition and instruction, 1985, 2(1): 59–89.

[159] Sweller J, Van Merrienboer J J G, Paas F G W C. Cognitive architecture and instructional design[J]. Educational psychology review, 1998, 10(3): 251–296.

[160] Sweller J, Van Merrienboer J J G, Paas F G W C. Cognitive Architecture and Instructional Design: 20 Years Later[J]. Educational Psychology Review, 2019(31): 261–292.

[161] Tharp R G, Gallimore R. Rousing minds to life: teaching, learning, and schooling in social context[M]. Cambridge: Cambridge university press, 1988.

[162] Thomas J W. A review of research on project-based learning[EB/OL]. [2000–10–11]. https://www.researchgate.net/publication/238162544_A_Review_of_Research_on_Project-Based_Learning.

[163] Thomas W R, MacGregor S K. Online project-based learning: How collaborative strategies and problem solving processes impact performance[M]. Journal of Interactive Learning Research, 2005, 16(1): 83.

[164] Topping K. Peer assessment between students in colleges and universities[J]. Review of educational Research, 1998, 68(3): 249–276.

[165] Van de Pol J, Volman M, Beishuizen J. Scaffolding in teacher-student interaction: A decade of research[J]. Educational Psychology Review, 2010, 22(3): 271–296.

[166] Van Gog T, Paas F, Van Merrienboer J J G. Effects of studying sequences of process-oriented and product-oriented worked examples on troubleshooting transfer efficiency[J]. Learning and instruction, 2008, 18(3), 211–222.

[167] Van Gog T, Paas F, Van Merrienboer J J G. Process-oriented worked examples: Improving transfer performance through enhanced understanding[J]. Instructional Science, 2004, 32(1–2), 83–98.

[168] Van Merrienboer J J G. Training complex cognitive skills: A four-component

instructional design model[M]. NJ: Educational technology publications, 1997.

[169] Van Merrienboer J J G, Sweller J. Cognitive load theory and complex learning: Recent developments and future directions[J]. Educational psychology review, 2005, 17(2): 147 – 177.

[170] Van Roojj S W. Scaffolding project-based learning with the project management body of knowledge(PMBOK)[J]. Computers & Education, 2009, 52(1): 210 – 219.

[171] Vera D, Crossan M. Organizational Learning and Knowledge Management: Toward an Integrative Framework//Lyles M A, Easterby-Smith M. The Blackwell Handbook of Organizational Learning and Knowledge Management[M]. Oxford: Blackwell publishing: 122 – 42.

[172] Voss J F, Post T A. On the solving of ill-structured problems//Chi M H, Glaser R, Farr M J. The nature of expertise[M]. Hillsdale: Lawrence erlbaum associates, 1988.

[173] Vygotsky L S. Interaction between learning and development[J]. Readings on the development of children, 1978, 23(3): 34 – 41.

[174] Vygotsky L S. Mind in Society[M]. Cambridge: Harvard University Press, 1978.

[175] Webb N M. Group composition, group interaction, and achievement in cooperative small groups[J]. Journal of educational psychology, 1982, 74(4): 475 – 484.

[176] Webb N M, Palincsar A S. Group processes in the classroom[M]. Englewood Cliffs: Prentice hall international, 1996.

[177] Webb N M. Peer interaction and learning in small groups[J]. International journal of educational research, 1989, 13(1): 21 – 39.

[178] Wen Y . Funnel Model: A Pedagogical Model for Enhancing Classroom-Based Collaborative Learning [DB/OL].https://www.researchgate.net/publication/33

6055468_Funnel_Model_A_Pedagogical_Model_for_Enhancing_Classroom-Based_Collaborative_Learning,2019.

[179] Wertsch J V. Culture, communication and cognition: Vygotskian perspectives[M]. Cambridg: Cambridge university press, 1986.

[180] White R, Gunstone R. Probing understanding[M]. New York: The falmer press, 1992.

[181] Whitehead, A. N. The aims of education[M]. New York: MacMillan, 1929.

[182] Williams S M. Putting case-based instruction into context: Examples from legal and medical education[J]. The journal of the learning sciences, 1992, 2(4): 367−427.

[183] Wittrock M C. The cognitive movement in instruction[J]. Educational psychologist, 1978, 13(1): 15−29.

[184] Wittwer J, Renkl A. How effective are instructional explanations in example-based learning?A meta-analytic review[J]. Educational psychology review, 2010, 22, 393−409.

[185] Wood D, Bruner J S, Ross G. The role of tutoring in problem solving[J]. Journal of child psychology and psychiatry, 1976, 17(2): 89−100.

[186] Yilmaz F G K, Yilmaz R. Impact of pedagogic agent-mediated metacognitive support towards increasing task and group awareness in CSCL[J]. Computers & Education, 2019(134): 1−14.

[187] Yu F Y, Liu Y H, Chan T W. A web-based learning system for question-posing and peer assessment[J]. Innovations in education and teaching international, 2005, 42(4): 337−348.

[188] 伯恩斯坦. 阶级、符码与控制：第3卷[M]. 王瑞贤，译. 台北：国科会经典译注计划，2007.

[189] 布兰思福特,布朗,科金. 人是如何学习的：大脑、心理、经验及学校[M]. 程可拉，孙亚玲，王旭卿，译. 上海：华东师范大学出版社，2013.

[190] 丁道勇. 警惕"做中学"：杜威参与理论辩正[J]. 全球教育展望，2017，

46（8）：3-21.

[191] 董艳. 创设 PBL 生态，多场景联合促进学生成长[R]. 京杭 50+教育论坛，2021.

[192] 杜威. 我们怎样思维·经验与教育[M]. 姜文闵，译. 北京：人民教育出版社，2005.

[193] 杜威. 学校与社会·明日之学校[M]. 吴志宏，译. 北京：人民教育出版社，1994.

[194] 国务院办公厅关于新时代推进普通高中育人方式改革的指导意见[EB/OL]. [2019-06-11]（2021-09-18）http://www.gov.cn/zhengce/content/2019-06/19/content_5401568.htm

[195] 韩锡斌，程建钢. 构建大学网络教学环境的两个主要问题[J]. 中国远程教育，2005（4）：26-28+79.

[196] 胡庆芳，程可拉. 当今美国中小学研究性学习的模式研究[J]. 教育科学，2003（5）：57-60.

[197] 胡小勇. 问题化教学设计：信息技术促进教学变革[M]. 北京：教育科学出版社，2006.

[198] 基尔希纳，斯维勒，克拉克，等. 为什么"少教不教"不管用：建构教学、发现教学、问题教学、体验教学与探究教学失败析因[J]. 开放教育研究，2015，21（2）：16-29+55.

[199] 加德纳. 未受学科训练的心智[M]. 张开冰，译. 北京：学苑出版社，2008.

[200] 教育部. 关于全面深化课程改革 落实立德树人根本任务的意见[EB/OL]. [2014-04-24]（2021-09-18）http://old.moe.gov.cn/publicfiles/business/htmlfiles/moe/s7054/201404/167226.html.

[201] 李梅. 认知视角下的项目化学习解析[J]. 电化教育研究，2017（11）：102-107.

[202] 李梅. 在线环境下项目化学习支架探究[J]. 现代远距离教育，2019（1）：3-9.

[203] 李梅,葛文双.基于项目的在线协作学习支架策略探究[J].现代远距离教育,2021(1):40-47.

[204] 李文宏.以认知建模为支架的适应性学习系统构建[J].电化教育研究,2011（9）：75-78+94.

[205] 梁启超.评非宗教同盟[J].东方杂志,1922,19（8）.

[206] 林,艾伦.学科学和教科学:利用技术促进知识整合[M].裴新宁,刘新阳,译.上海:华东师范大学出版社,2016.

[207] 刘景福,钟志贤.基于项目的学习（PBL）模式研究[J].外国教育研究,2002（11）：18-22.

[208] 刘作芬,盛群力."直导教学"研究的三大贡献:罗森海因论知识结构、教学步骤与学习支架[J].远程教育杂志,2010（5）：59-64.

[209] 马卡姆.PBL项目学习:项目设计及辅导指南[M].董艳,译.北京:光明日报出版社,2015.

[210] 麦克卢汉.理解媒介:论人的延伸[M].何道宽,译.北京:商务印书馆,2000.

[211] 毛刚.学习分析作为元认知反思支架的效能研究[J].电化教育研究,2018,39（9）：22-27.

[212] 宁虹,赖力敏."零距离"教师教育:全日制教育专业硕士培养的探索[J].教育研究,2015,01：81-89.

[213] 皮亚杰.发生认识论原理[M].王宪钿,译.北京:商务印书馆,1981.

[214] 乔纳森.技术支持的思维建模[M].顾小清,译.上海:华东师范大学出版社,2008.

[215] 乔纳森.学会用技术解决问题:一个建构主义者的视角[M].任友群,李妍,施斌飞,译.北京:教育科学出版社,2007.

[216] 乔伊斯,韦尔,卡尔霍恩.教学模式[M].兰英,译.北京:中国人民大学出版社,2014.

[217] 任剑锋,李克东.分布式认知理论及其在CSCL系统设计中的应用[J].电化教育研究,2004（8）：3-6+11.

[218] 尚晓晶，马玉慧. 问题解决情境下认知工具的设计研究：以数学应用题为例［J］. 现代教育技术，2012，22（2）：42-47.

[219] 施良方. 学习论［M］. 北京：人民教育出版社，2001.

[220] 斯洛塔，林. 课堂环境中基于网络探究的科学教育［M］. 赵建华，译. 上海：华东师范大学出版社，2015.

[221] 斯伯克特，迈瑞尔. 教育传播与技术研究手册[M]. 3版. 上海：华东师范大学出版社，2012.

[222] 汪琼，陈高伟. 构建未来在线学习环境：一个在线交互虚拟学习环境构建模型［J］. 中国电化教育，2003（9）：78-82.

[223] 王海珊. 教与学的有效互动：简析支架式教学［J］. 福建师范大学学报：哲学社会科学版，2005（1）：140-143.

[224] 王陆. 教师在线实践社区中不同教师群体的反思水平研究［J］. 电化教育研究. 2012（5）：98-102+109.

[225] 文雯，许甜，谢维和. 把教育带回来：麦克·扬对社会建构主义的超越与启示［J］. 教育研究，2016（3）：155-159.

[226] 徐连荣，徐恩芹，崔光佐. "少教不教"真的不管用吗？：与《为什么"少教不教"不管用》一文商榷［J］. 开放教育研究，2016，22（2）：17-24.

[227] 杨开城. 教学设计：一种技术学的视角［M］. 北京：电子工业出版社，2010：39.

[228] 应力恒. 基于工作过程的课程项目化教学改革［J］. 中国职业技术教育，2008（22）：36-38.

[229] 索耶. 剑桥学习科学手册［M］. 徐晓东，译. 北京：教育科学出版社，2010.

[230] 张剑平，陈仕品，张家华. 网络学习及其适应性学习支持系统研究［M］. 北京：科学出版社，2010.

[231] 中共中央国务院. 国家创新驱动发展战略纲要［EB/OL］.［2016-05-19］（2021-09-18）. http://www.gov.cn/gongbao/content/2016/content_5076961.htm.

[232] 中共中央国务院关于深化教育教学改革全面提高义务教育质量的意见 [EB/OL]. [2019-07-08](2021-09-18). http://www.gov.cn/zhengce/2019-07/08/content_5407361.htm.

[233] 衷克定. 在线学习与发展 [M]. 北京: 高等教育出版社, 2011.

[234] 朱龙, 付道明. 一种提升学生问题解决能力的问题支架应用框架: 基于翻转课堂的实证研究 [J]. 电化教育研究, 2020, 41 (2): 115-121.

[235] 朱熹. 四书章句集注 [M]. 北京: 中华书局, 2011.